Arbeitsblätter
zu den silbierten Geschichten aus der Leseraben-Reihe
Band 11 bis 20

von
Bettina Erdmann

illustriert von
Heike Treiber

Mildenberger

Vorwort

In Zusammenarbeit mit dem Ravensburger Buchverlag wurden 10 Titel aus der erfolgreichen Leseraben-Serie mit dem farbigen Silbentrenner ausgestattet. Das reine Erlesen der Geschichten kann mit dem Bearbeiten der Arbeitsblätter ergänzt werden. Sie sind in der Freiarbeit oder auch als Hausaufgabe einsetzbar.

Aufbau der Arbeitsblätter

Die Aufgaben sind so gestaltet, dass sie selbsterklärend sind und somit von den Kindern in Einzelarbeit gelöst werden können. Zu jeder Geschichte gibt es drei Typen von Arbeitsblättern (1, 2, 3), die in der Regel ein bis zwei Seiten umfassen und unterschiedliche Niveaus aufweisen. Für die Arbeitsblätter vom Typ 2 muss zur Bearbeitung der Lesetext vorliegen. Für die Arbeitsblätter vom Typ 1 und 2 sind Lösungsblätter zur Selbstkontrolle vorhanden (ab Seite 98). Die freien Aufgabenstellungen vom Typ 3 (Textproduktion) bedürfen der individuellen Korrektur. Zu den zwei Bänden mit mehreren Einzelgeschichten „Monstergeschichten“, „Nixengeschichten“, „Baumhausgeschichten“ und „Fußballgeschichten“ werden zu jeder Einzelgeschichte Blätter des Typs 2 und 3 angeboten.

Typ 1: Grammatik

Auf diesem Arbeitsblatt werden Themen der zweiten Klasse zur Spracharbeit behandelt. Sie sind inhaltlich lose mit der Geschichte verknüpft und können auch zu einem Zeitpunkt eingesetzt werden, zu dem die Geschichte noch nicht bekannt ist.

Typ 2: Textverständnis

Die Aufgaben auf diesem Arbeitsblatt überprüfen das Wort- und Textverständnis der Geschichten. In der konkreten Auseinandersetzung mit dem Text werden die Kinder an die wichtige Kompetenz des sinnentnehmenden Lesens und der Textarbeit herangeführt.

Typ 3: Textproduktion

Die Kinder werden mithilfe der Leseraben-Geschichten zum kreativen Schreiben angeleitet. Es kommen dabei zwei Aufgabentypen vor, die unterschiedliche Niveaus aufweisen. Bei den Arbeitsblättern mit der Kennzeichnung „a“ erfolgt die Aufarbeitung der Geschichte recht textnah. Die Transferleistung ist niedrig. Als Hilfestellung dienen Bilder und Wörterpools. Bei der Kennzeichnung „b“ ist die Transferleistung höher und die Erzählanlässe sind von den Geschichten losgelöster. Als Hilfestellung sind Fragen vorgegeben, die das Kind bei der Ausformulierung der eigenen Geschichte unterstützen.

Der Lesepass

Der Lesepass liegt den Arbeitsblättern als Kopiervorlage bei (S. 4 – 7). Die Seiten werden doppelseitig kopiert und anschließend zu einem Büchlein gefaltet. Wenn die Kinder eine Geschichte eigenständig gelesen haben, bekommen sie einen Stempel und dürfen das zur Geschichte gehörende Bild ausmalen.

Impressum

Bestell-Nr. 1404-61 · ISBN 978-3-619-14461-7

Auflage 5 4 3 2
Jahr 2019 2018 2017 2016

www.mildenberger-verlag.de
E-Mail: info@mildenberger-verlag.de

Illustrationen: Heike Treiber, 79199 Kirchzarten

Druck: Salzland Druck GmbH & Co. KG, 39418 Staßfurt

Gedruckt auf umweltfreundlichen Papieren.

Bezugsmöglichkeiten
Alle Titel des Mildenberger Verlags erhalten Sie unter: www.mildenberger-verlag.de oder im Buchhandel. Jede Buchhandlung kann alle Titel direkt über den Mildenberger Verlag beziehen.
Ausnahmen kann es bei Titeln mit Lösungen geben: Hinweise hierzu finden Sie in unserem aktuellen Gesamtprogramm.

Inhaltsverzeichnis

	Titel	Kopiervorlagen Seite	Lösung Seite
Lesepass		4 – 7	
Band 1	Pimpinella Meerprinzessin und der Delfin	8 – 13	98 – 99
Band 2	Monstergeschichten	14 – 15	100
	„Monster-Arten“ und „Der Monster-Fänger“	16 – 19	101
	„Monster-Hobby“ und „Das Monster im Bad“	20 – 23	102
	„Die Monster-Lehrerin“ und „Monster-Abschied“	24 – 26	103
Band 3	Der mutigste Ritter der Welt	27 – 32	103 – 105
Band 4	Nixengeschichten	33 – 34	105 – 106
	„In Seenot“	35 – 37	106
	„Das schönste Schuppenkleid“	38 – 40	107
	„Ein seltsamer Fang“	41 – 43	107
	„Die Riesen-Perle“	44 – 47	108
Band 5	Baumhausgeschichten	48 – 49	109
	„Die Geburtstagsbretter“	50 – 52	110
	„Der Baumhauszauber“	53 – 55	110
	„Das Birkenhaus“	56 – 58	111
Band 6	Das Hexeninternat	59 – 65	111 – 113
Band 7	Fußballgeschichten	66 – 67	114
	„William kommt“	68 – 70	115
	„Die doofe Frau Keller“	71 – 73	115
	„Die goldene Torwand“	74 – 76	116
	„Lisa, der Fußballstar“	77 – 79	116
Band 8	Kleiner Fuchs auf großer Jagd	80 – 85	117 – 118
Band 9	Ein Bruder für Anna	86 – 91	119 – 120
Band 10	Mama hat heut’ frei	92 – 97	121 – 122

Symbole

 Schreibe auf das Arbeitsblatt.

 Male auf das Arbeitsblatt.

 Verbinde Silben, Wörter und Satzteile.

 Schaue im entsprechenden Buch nach.

 Kreuze die richtige Antwort an.

 Schreibe in dein Heft.

Lesepass

zu den silbierten Geschichten aus der Leseraben-Reihe Band 11 bis 20

Name:

© 2013 Mildenberger Verlag · **Arbeitsblätter** · Bestell-Nr. 1404-61

Band 1:

Pimpinella Meerprinzessin und der Delfin

Band 2: Monstergeschichten

– „Monster-Arten“ und
„Monster-Fänger“
– „Monster-Hobby“ und
„Das Monster im Bad“
– „Monster-Lehrerin“ und
„Monster-Abschied“

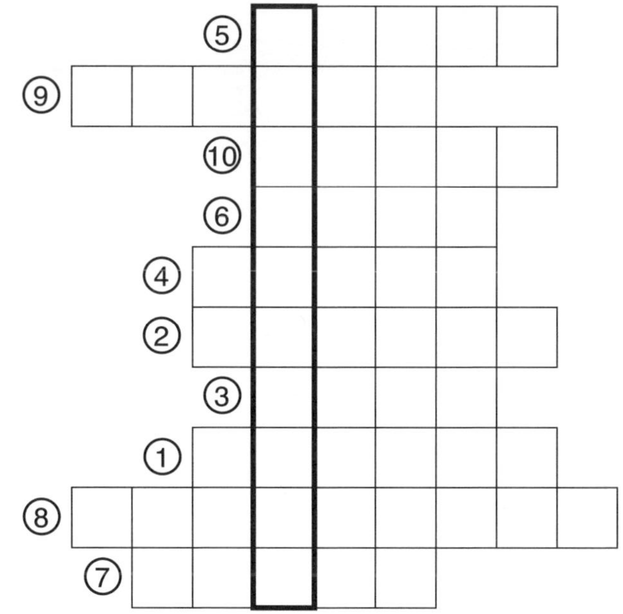

So heißt …

① … Pimpinellas bester Freund (aus Band 1)
② … der Monsterjäger (aus Band 2)
③ … der Drache (aus Band 3)
④ … die Nixe mit dem schönsten Schuppenkleid (aus Band 4)
⑤ … das Geburtstagskind (aus Band 5)
⑥ … die Menschenfreundin (aus Band 6)
⑦ … der Bruder von Kai (aus Band 7)
⑧ … der Häuptling (aus Band 8)
⑨ … der Bruder von Anna (aus Band 9)
⑩ … der Junge, der gerne Berliner isst (aus Band 10)

Lösung:

© 2013 Mildenberger Verlag · **Arbeitsblätter** · Bestell-Nr. 1404-61

Band 9:

Ein Bruder für Anna

Band 10:

Mama hat heut' frei

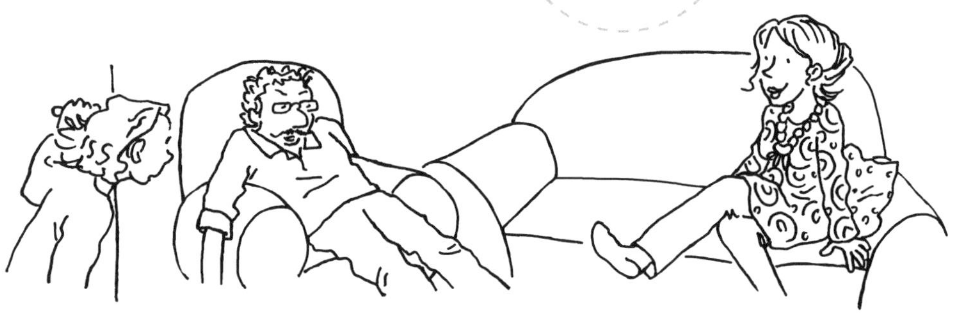

Band 3:

Der mutigste Ritter der Welt

Band 4: Nixengeschichten

- „In Seenot“
- „Das schönste Schuppenkleid“
- „Ein seltsamer Fang“
- „Die Riesen-Perle“

Band 5: Baumhausgeschichten

- „Die Geburtstagsbretter“
- „Der Baumhauszauber“
- „Das Birkenhaus“

Band 6:

Das Hexeninternat

Band 7: Fußballgeschichten

- „William kommt“
- „Die doofe Frau Keller“
- „Die goldene Torwand“
- „Lisa, der Fußballstar“

Band 8:

Kleiner Fuchs auf großer Jagd

Pimpinella Meerprinzessin – 1

1. Schreibe die Wörter in die passende Spalte und streiche sie ab.

Nomen	Verben	Adjektive

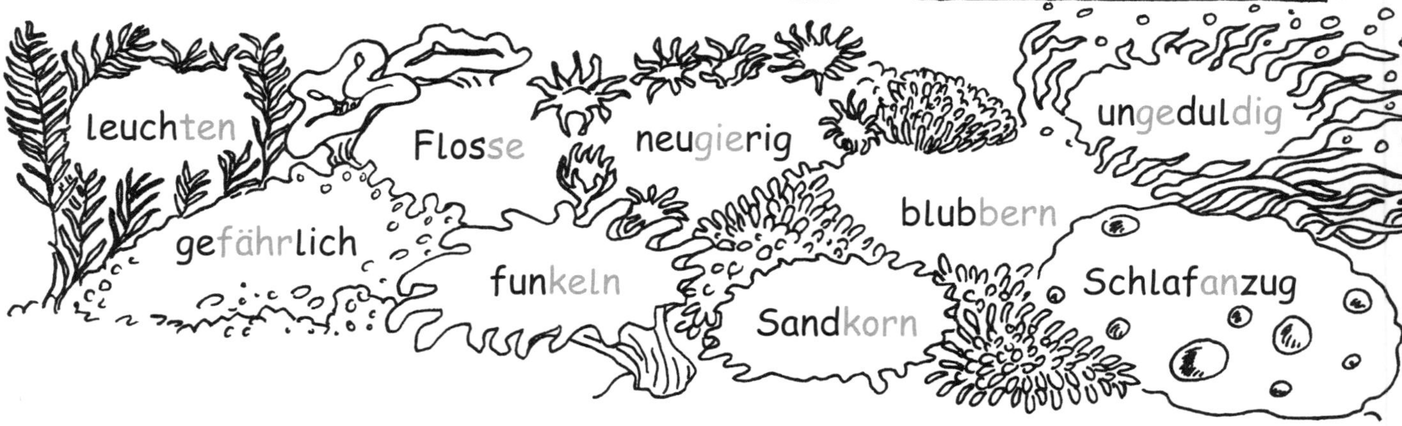

2. Die Wörter ergeben einen Satz. Schreibe ihn auf die Linie.
Denk an den Punkt am Satzende.

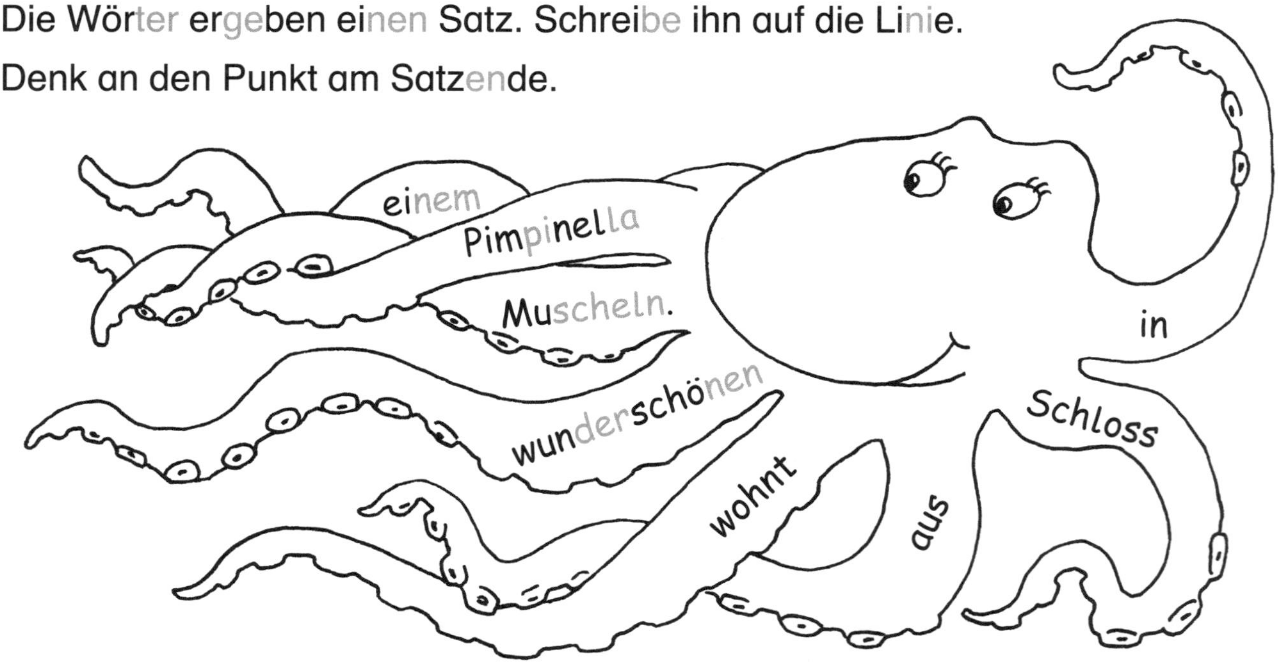

Pimpinella Meerprinzessin – 2 a

1. Pimpinella wird in der Geschichte sehr gut beschrieben. Leider hat Thomas ein paar Tintenkleckse auf die Seite gekleckert. Finde die fehlenden Wörter.

Seite 5: Pimpinella wohnt mitten im ____________ in einem wunderschönen Schloss, das aus ____________ erbaut wurde.

Seite 6: Sie hat ____________ Locken und ihre Augen sind ____________.

Seite 12: Seit einer Woche geht Pimpinella in die ____________ Klasse.

Seite 14: Sie hat eine nagelneue Schultasche aus ____________, die ____________ glänzt.

2. Finde die Namen der Tiere, die in der Geschichte vorkommen und schreibe sie unter das passende Bild.

D	L	T	N	O	M	R	E	E	O
H	A	H	O	C	I	D	T	F	E
H	I	O	S	E	A	K	U	E	B
P	I	M	P	I	N	E	L	L	A
S	G	A	L	T	O	T	E	F	S
T	R	S	R	R	S	V	H	E	I

Pimpinella Meerprinzessin – 2 b

1. Richtig oder falsch? Kreuze an.

	richtig	falsch	
Manchmal verknotet sich Thomas und Pimpinella muss ihn entwirren.	O	O	AR
Der Korallenwald ist gefährlich und für Meermädchen verboten.	O	O	TEN
Die Schule ist ein ganzes Stück von Pimpinellas Zuhause entfernt.	O	O	WAS
Pimpinella versteht alles, was die Punktfische blubbern.	O	O	SER
Pimpinella und Tule schwimmen in den Korallenwald.	O	O	ME
Tule findet, dass Pimpinella tapfer ist.	O	O	TIN
Pimpinella und Tule werden Freunde.	O	O	FISCH

2. Die Silben hinter den richtigen Sätzen ergeben in der richtigen Reihenfolge das Lösungswort:

3. Seite 33: Wie heißt dieser Fisch?

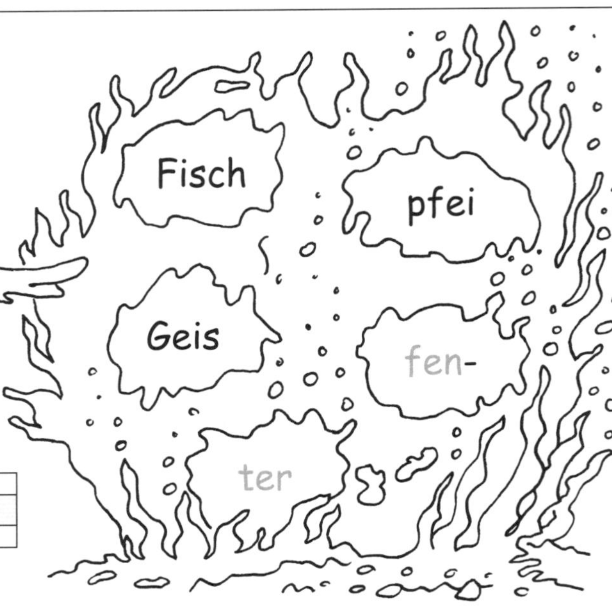

Pimpinella Meerprinzessin – 2 c

1. Zu den Bildern gehören lauter Meereswörter. Schreibe sie in die Kästchen.

2. Die umrandeten Kästchen ergeben das Lösungswort.

Pimpinella versteckt sich in einer

______________________.

Pimpinella Meerprinzessin – 3 a

Pimpinella und Tule treffen sich gleich am nächsten Tag wieder. Dieses Mal ist Pimpinella sehr leichtsinnig und nascht gegen Tules Rat von den süßen Korallenfrüchten …

Schreibe die Geschichte zu Ende. Denke an die Überschrift.
Folgende Ideen können dir helfen:

- Wie schmecken die Früchte?
- Warum soll Pimpinella die Früchte nicht essen?
- Was passiert mit ihr, nachdem sie sie doch gegessen hat?

Pimpinella Meerprinzessin – 3 b

Stell dir vor, du bist auch eine Meerprinzessin und Pimpinellas Freundin. Beschreibe einen Schultag im Muschelschloss. Denke an die Überschrift.

  · Bestell-Nr. 1404-61

Monstergeschichten – 1 a

1. Trage die richtige Verbform in die Spalten ein.

ich ____________
du ____________
er ____________

ich ____________
du ____________
er ____________

ich ____________
du ____________
er ____________

2. Das ist das Monster Schlumpi.

a) Suche aus den folgenden Adjektiven die heraus, die zu ihm passen. Kreise sie ein.

traurig
flauschig
zottelig
einäugig
schleimig
freundlich
wütend
dick
dünn
mehrarmig
hässlich
barfüßig

b) Male Schlumpi an und beschreibe es dann. Was hat es in der Hand? Male.

Schlumpis Fell hat die Farbe ____________, seine Hose ist ____________, in der Hand hat er ____________.

Monstergeschichten – 1 b

1. Bei Pauls Hausaufgaben war das Fehlermonster am Werk. Finde die acht Fehler in dem Text. Kreise die falsch geschriebenen Wörter ein und schreibe die Wörter richtig auf.

Das Monster im Kinderzimmer

Als ich im Bett lag bemerkte ich, dass sich der Forhang in meinem zimmer seltsam bewegte. Ich lauschte und konnte ein merkwürdiges Gereusch höhren. Es klang wie Schnarchen. Ich riß die Augen auf. Es war zwar dunkel, aber ich konnte es gans klar erkenen: Ein Monster war in meinem Zimmer! Ich fragte mich, ob ich schreien soll, überlegte es mir dann aber anders. Plözlich …

2. Die Monster haben in Jules Kinderzimmer alles durcheinandergebracht. Ergänze die richtigen Verhältniswörter (Präpositionen) und streiche sie ab.

Der Schulranzen steht ______ dem Schreibtisch.

Die Tastatur liegt ______ dem Schuh.

Der Roller steht ______ dem Kleiderschrank.

Der Stift liegt ______ der Maus.

Ihr Stuhl steht ______ dem Schrank.

Monstergeschichten: Monster-Arten und Der Monster-Fänger – 2 a

1. a) Auf den Seiten 4 und 5 werden Monster beschrieben.
Verbinde die passenden Wörter.

groß

klein

dick

lang

dünn

b) Seite 4 und 5: Welche Aussagen über die Monster sind richtig?
Kreuze an. Kreise die Lösungssilben ein.

- ◯ Manche Monster sind groß wie ein Haus.
- ◯ Manche Monster grunzen.
- ◯ Manche Monster sind so klein wie Ameisen.
- ◯ Manche Monster haben Läuse.
- ◯ Alle Monster mögen Krach.
- ◯ Manche Monster sind schwach.
- ◯ Manche Monster brüllen.

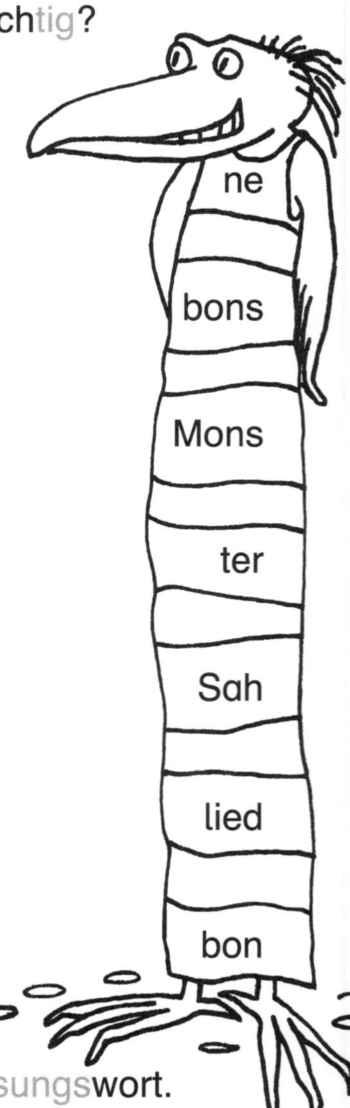

c) Die Silben hinter den richtigen Antworten ergeben ein Lösungswort.

Alle Monster lieben ______________________.

Monstergeschichten: Monster-Arten und Der Monster-Fänger – 2 b

1. In jedem Satz ist ein Wort falsch. Streiche es durch.
2. Schreibe die Sätze richtig.

a) Moritz will die Monster mit einer Falle fangen.

Moritz will

b) Im Wald will Moritz warten, bis es Tag wird.

c) Er setzt sich auf einen Baumstamm und wartet.

d) Leider sieht er nichts, weil er seine Brille vergessen hat.

e) Im Wald findet Moritz viele Monster.

Monstergeschichten: Monster-Arten und Der Monster-Fänger – 3 a

1. Wenn Moritz seine Taschenlampe nicht vergessen hätte, hätte er die Monster sehen können. Schreibe ein anderes Ende für die Geschichte. Wenn du nicht weiter weißt, helfen dir die Wörter unten. Denke an die Überschrift.

Nun ist es Nacht. Moritz schaltet seine Taschenlampe ein. Da! Ein Monster! Plötzlich

Monstergeschichten: Monster-Arten und Der Monster-Fänger – 3 b

1. Moritz erfährt, dass die Monster im Wald sein sollen.
   An welchen Orten außer einem Wald könnte er noch nach Monstern suchen?

   Wenn dir kein Ort einfällt, können die Bilder dir vielleicht helfen.
   Erzähle die Geschichte. Denke an die Überschrift.

Monstergeschichten: Monster-Hobby und Das Monster im Bad – 2 a

1. Kreuze die jeweils richtige Antwort an.
Kreise die dazugehörige Lösungssilbe ein.

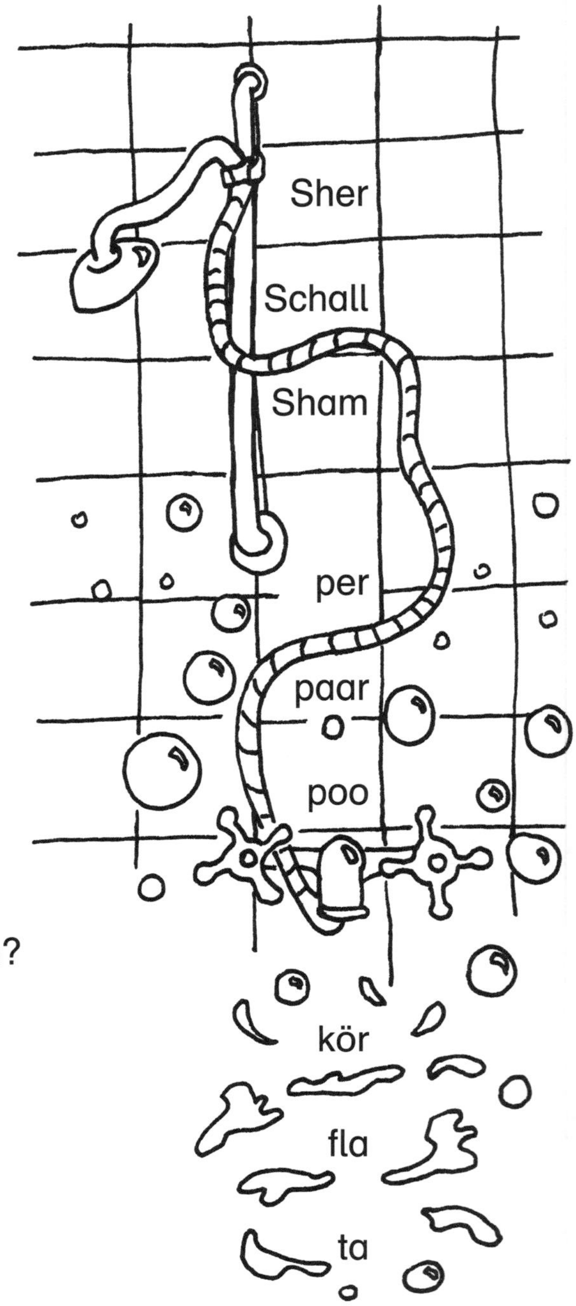

Seite 16: Wo wohnt das Monster?

- ○ in der Toilette
- ○ im Abfluss in der Küche
- ○ im Abfluss im Bad

Außerdem kann Paul

- ○ den Geruch von Ketchup
- ○ den Geruch von Shampoo
- ○ einen ekelhaften Gestank

wahrnehmen.

Seite 16: Welche Geräusche kann Paul hören?

- ○ rülpsen und keuchen
- ○ glucksen und rülpsen
- ○ schmatzen und glucksen

Seite 18: Wann klettert das Monster aus dem Abfluss?

- ○ am Mittwoch
- ○ am Dienstagnachmittag gegen fünf Uhr
- ○ am Dienstagnachmittag gegen vier Uhr

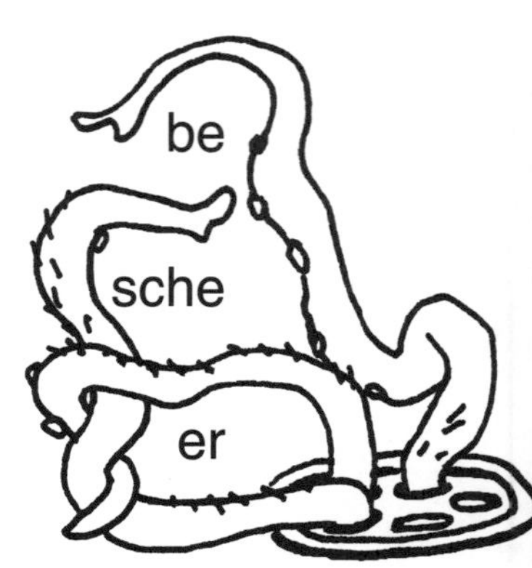

2. Die Silben ergeben in der richtigen Reihenfolge das Lösungswort:

Das Monster trinkt immer die ______________________ leer.

Monstergeschichten: Monster-Hobby und Das Monster im Bad – 2 b

1. Seite 19: Wie sieht das Monster aus? Streiche die Silben ab.

Es ist ______, ______ und hat

______.

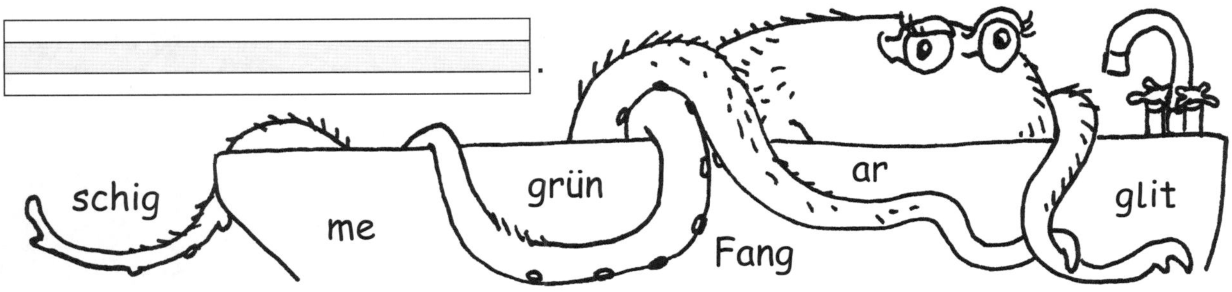

2. Seite 21: Was denkt Mama, warum die Flasche immer leer ist?

Sie denkt, dass Paul

3. Seite 23: Zwei Wörter sind falsch. Streiche sie durch und schreibe die zwei Wörter richtig auf.

Paul füllt Bratensoße in die leere Shampooflasche und stellt sie zurück auf den Toilettenrand.

4. Seite 26/27: Am Donnerstag kommt das Monster wieder. Was passiert, als es die Shampooflasche leer trinkt? Streiche die Silben ab.

Es läuft ______ an und brüllt: Blääääää! Dann lässt es die Flasche fallen und ______.

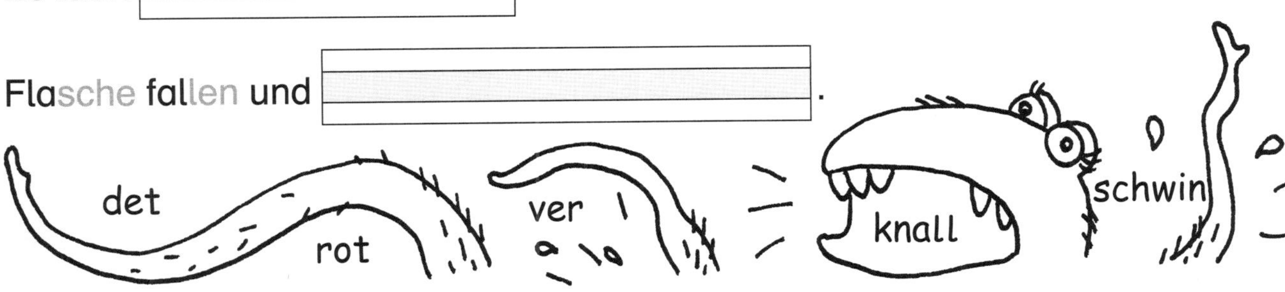

Monstergeschichten: Monster-Hobby und Das Monster im Bad – 3 a

1. Paul hat sich zu früh gefreut. Das Monster kehrt zurück.
   Es bringt Verstärkung mit …
   Es sind nun mehrere Monster, die bei Pauls Familie auftauchen.
   Wie geht die Geschichte weiter?

   Diese Ideen können dir helfen:
   – Die Monster stürmen den Kühlschrank, finden Gefallen an menschlichem Essen. Paul muss sie verjagen …
   – Die Monster freunden sich mit Paul an.
   – Die Monster sind nur für Paul sichtbar und helfen ihm, z. B. wenn andere Kinder gemein zu ihm sind …

   Denke an die Überschrift.

Monstergeschichten: Monster-Hobby und Das Monster im Bad – 3 b

Paul hat sich zu früh gefreut. Das Monster im Bad hat er vertrieben, aber dann merkt er, dass es ein anderes Monster im Haus gibt, das dreckige Socken frisst.

Schreibe die Geschichte. Denke an die Überschrift.

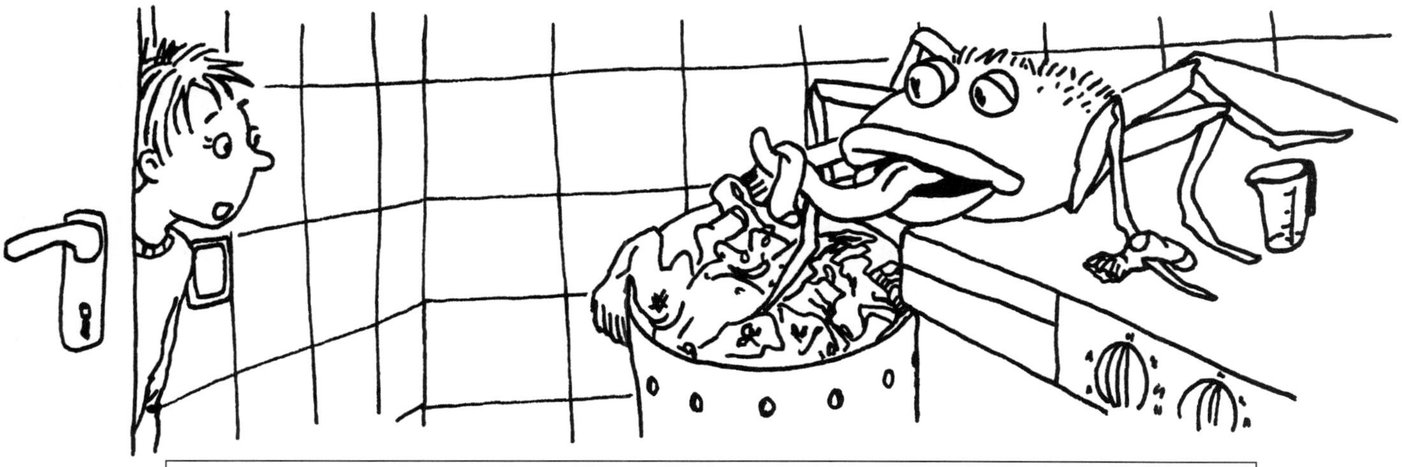

Monstergeschichten: Monster-Lehrerin und Monster-Abschied – 2

1. Kannst du dich an die ganze Geschichte erinnern? Verbinde die Satzteile miteinander, sodass eine kurze Nacherzählung entsteht.

Als Jule im Klassenraum sitzt,

Es hat ein lila Fell, spitze Zähne ______

Es sucht nach Kindern,

Da erschrickt Jule sehr,

Plötzlich wacht Jule auf,

Trotzdem macht sie beim Frühstück

Später in der Schule

Ihre Lehrerin trägt

Gott sei Dank

und stinkt nach Müll.

die ihre Hausaufgaben vergessen haben.

sie hat das alles wohl nur geträumt!

kommt ein zottiges Monster zur Tür herein.

traut Jule ihren Augen nicht:

noch schnell die Matheaufgaben.

denn sie hat keine Matheaufgaben gemacht.

einen zottigen lila Pullover.

hat Jule ihre Hausaufgaben gemacht!

2. Schreibe die verbundenen Satzteile aus Aufgabe 1 in der richtigen Reihenfolge in dein Heft.

Monstergeschichten: Monster-Lehrerin und Monster-Abschied – 3 a

Wenn Jule nicht aufgewacht wäre, was glaubst du, wäre passiert?
Schreibe eine Geschichte. Denke an die Überschrift.

Diese Fragen können dir helfen:

– Hätte das lila Monster Jule bestraft oder ihr geholfen?
– Hätte Jule das Monster z. B. mit etwas Müll besänftigen können?

Monstergeschichten: Monster-Lehrerin und Monster-Abschied – 3 b

Jule hat von einem Monster in der Schule geträumt.
Wovon könnte ein Monster träumen? Schreibe die Geschichte, wie ein Monster von einem Menschen träumt. Denke an die Überschrift.
Wenn du nicht mehr weiter weißt, helfen dir diese Fragen:

- Was tut der Mensch in dem Traum?
- Wie fühlt sich das Monster in dem Traum?
- Passieren gute oder schlechte Dinge?

Der mutigste Ritter der Welt – 1

1. a) Hilf dem Ritter, die Prinzessin aus der Höhle zu befreien.
   Die Verben zeigen den richtigen Weg.

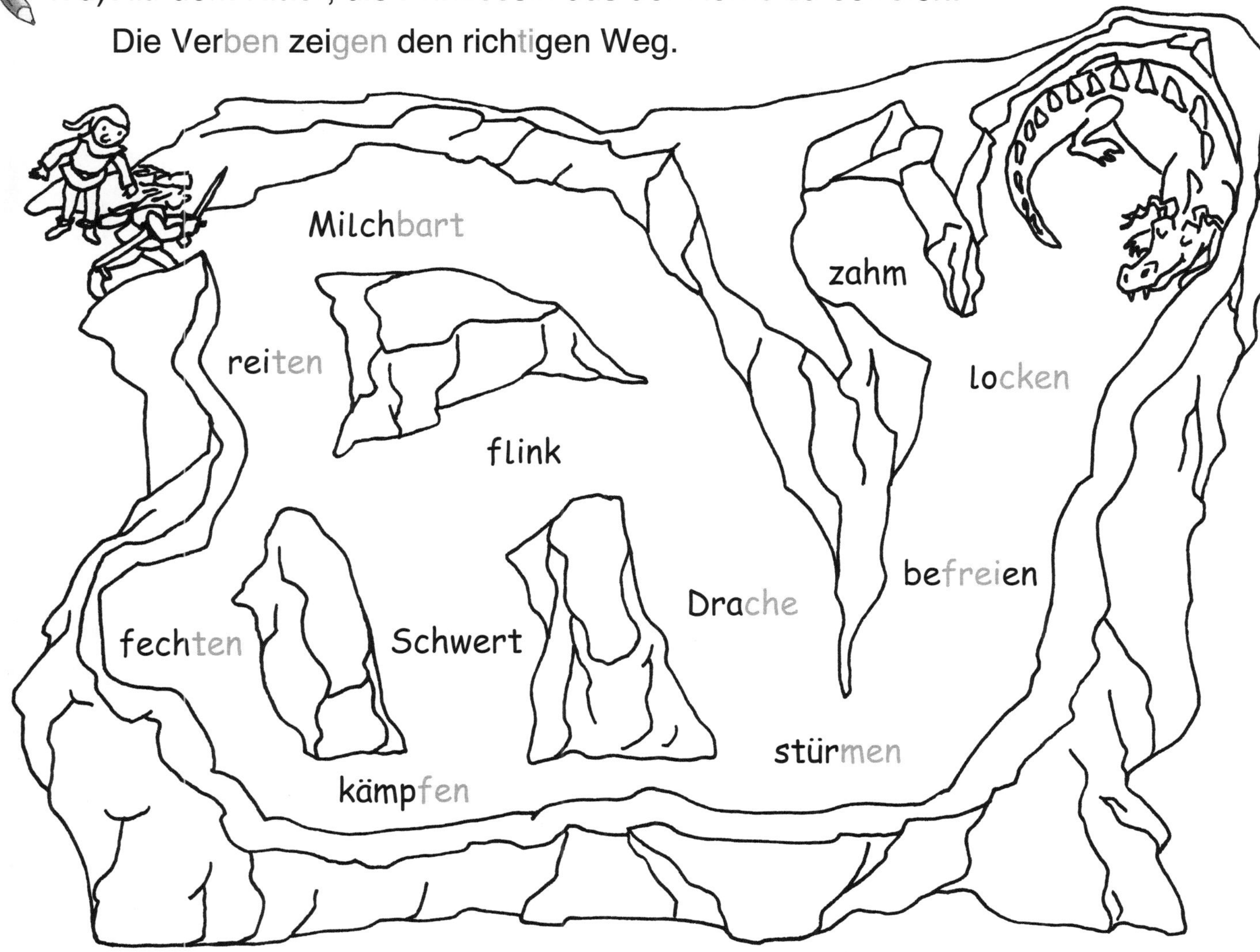

b) Schreibe die Verben geordnet nach dem Abc auf.

2. Die Wörter sind durcheinandergeraten. Schreibe den Satz richtig.

Der mutigste Ritter der Welt – 2 a

1. Seite 5 und 6: Wie heißen Ritter Schlaubarts Söhne?
   Beachte die Reihenfolge und beginne mit dem Ältesten.

2. Wer sagt das?
   Seite 11: „Wir machen eine Kuchenschlacht! Und ich lasse eine Sandburg bauen. Die kannst du stürmen! Einverstanden?"

   Seite 13: „Zu Hilfe! Die Prinzessin wurde entführt!"

   Seite 17: „Ein schrecklicher Drache hat meine arme Tochter in seine Höhle verschleppt."

   Seite 26: „Wir könnten ein Feuer anzünden und ihn ausräuchern."

   Seite 37: „Aber warum hast du uns alle an der Nase herumgeführt?"

3. Wie heißen …
   a) die Prinzessin?
   b) der Drache?

Der mutigste Ritter der Welt – 2 b

1. Finde die Wörter und trage sie ein.

Seite 8: Mit der __ __ __ __ __ ist Milchbart sehr geschickt.
9

Seite 8: Außerdem kann er reiten und __ __ __ __ __ __ __.
4

Seite 15: Milchbart nimmt Schwert, Schild und einen Beutel

__ __ __ __ __ __ __ __ mit.
5

Seite 21: Am Fuße des __ __ __ __ __ __ __ __ __ __
6

liegt die Höhle des Drachen.

Seite 28: __ __ __ __ __ __ __ __ __ hatte die Idee mit dem Brathuhn.
7

Seite 31: Milchbart und der __ __ __ __ __ __ gehen als einzige
8

in die Höhle.

Seite 35: Milchbart traut seinen Augen nicht:

Der Knappe ist ein __ __ __ __ __ __ __.
2

Seite 36: Und dieses Mädchen ist niemand anders als die

__ __ __ __ __ __ __ __ __ __.
1

Seite 39: Milchbart ist jetzt nicht nur der mutigste Ritter der Welt, sondern

auch der __ __ __ __ __ __ __ __ __ __ __ __.
3

2. Die markierten Buchstaben in den Wörtern ergeben das Lösungswort.
Dieses Geräusch kann ein Drachen machen:

__ __ __ __ __ __ __ __ __
1 2 3 4 5 6 7 8 9

  · Bestell-Nr. 1404-61

Der mutigste Ritter der Welt – 2 c

1. Zu den Bildern gehören lauter Ritterwörter. Schreibe sie in die Kästchen.

2. Die markierten Kästchen ergeben das Lösungswort.

Milchbart lockt den Drachen mit einem ______________ aus seiner Höhle.

3. Was bedeuten diese Begriffe? Verbinde.

Knappe	schwer gerüsteter Krieger
Lanze	Lehrling der Kriegskunst
Ritter	Schutz gegen Waffen
Schild	spielerischer Wettkampf
Schwert	Stangenwaffe
Turnier	Hieb- und Stichwaffe

Der mutigste Ritter der Welt – 3 a

Erzähle die Geschichte weiter. Folgende Fragen können dir helfen:

- Was machen Milchbart und Ava?
- Wie reagieren Ritter Schlaubart und Milchbarts Brüder?
- Wie reagieren die anderen Ritter?
- Wusste der König vorher Bescheid oder nicht?

Denke an die Überschrift.

Der mutigste Ritter der Welt – 3 b

Bestimmt hast du auch schon einmal mit deinen Freunden Ritter gespielt.

Erfinde eine Rittergeschichte. Denke an die Überschrift.

Nixengeschichten – 1 a

1. Ergänze die fehlenden Selbstlaute.

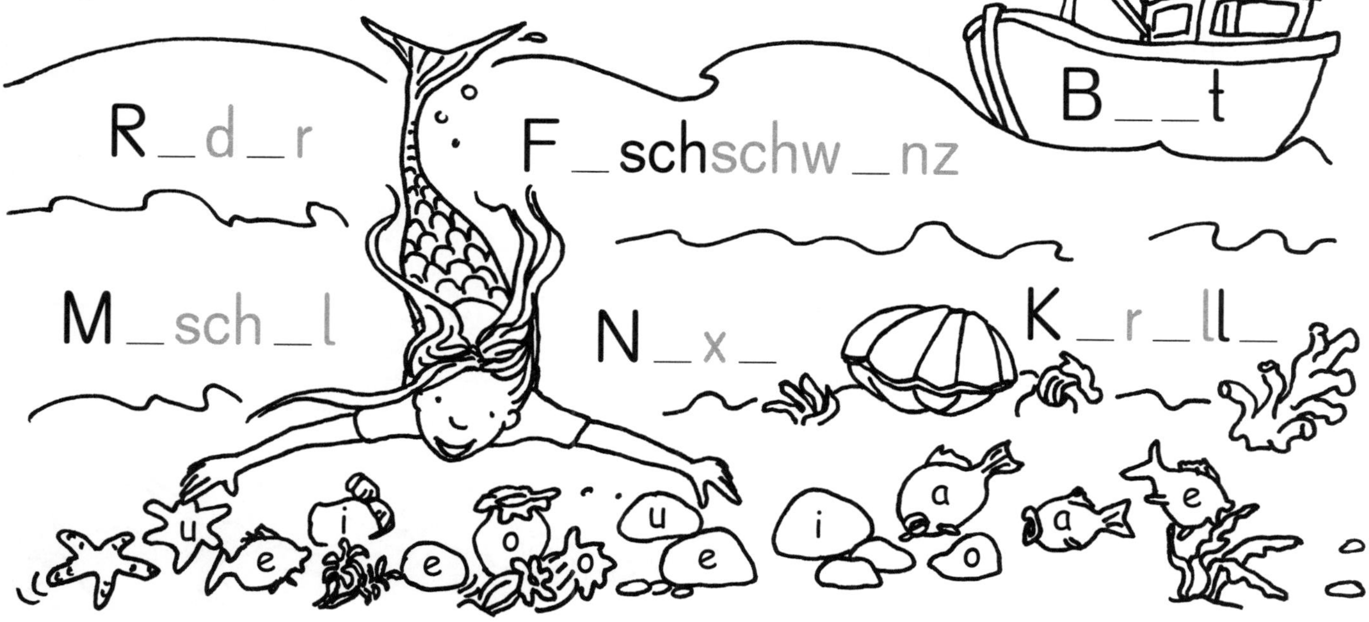

R_d_r

F_schschw_nz

B__t

M_sch_l

N_x_

K_r_ll_

2. Markiere die Gegensatzpaare und schreibe sie auf.

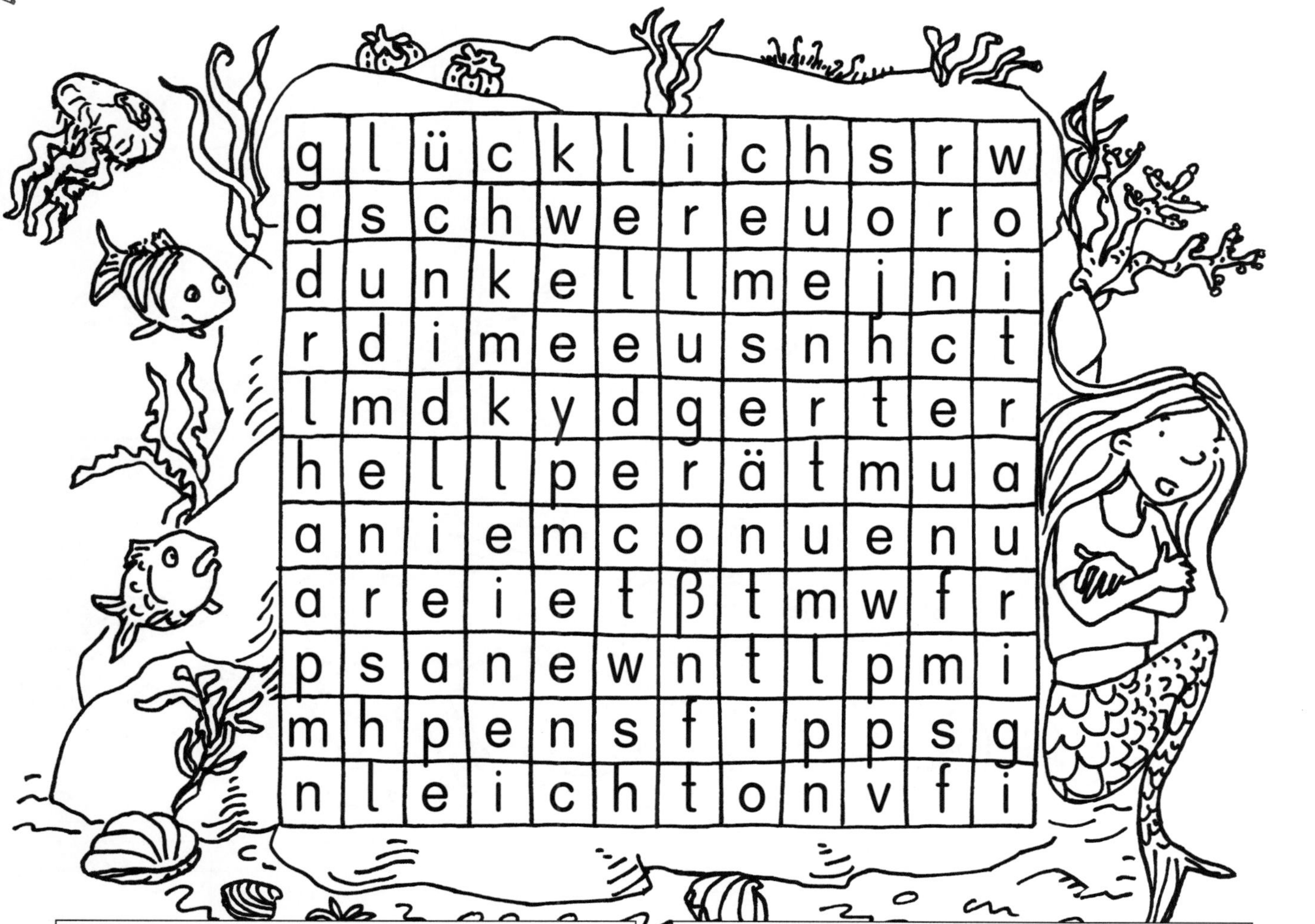

g	l	ü	c	k	l	i	c	h	s	r	w
a	s	c	h	w	e	r	e	u	o	r	o
d	u	n	k	e	l	l	m	e	j	n	i
r	d	i	m	e	e	u	s	n	h	c	t
l	m	d	k	y	d	g	e	r	t	e	r
h	e	l	l	p	e	r	ä	t	m	u	a
a	n	i	e	m	c	o	n	u	e	n	u
a	r	e	i	e	t	ß	t	m	w	f	r
p	s	a	n	e	w	n	t	l	p	m	i
m	h	p	e	n	s	f	i	p	p	s	g
n	l	e	i	c	h	t	o	n	v	f	i

Nixengeschichten – 1 b

3. Schreibe die Sätze in der Einzahl.

a) Die Boote treiben dahin.

Das Boot

b) Die Kinder sind unvorsichtig.

Das Kind

c) Die Nixen tanzen Ballett.

Die Nixe

d) Die Fischer sind wütend.

e) Die Nixen haben einen Fischschwanz.

4. Bilde fünf zusammengesetzte Nomen.

Schuppenkleid,

Nixengeschichten: In Seenot – 2

1. Vervollständige den Text.

Pia möchte heute ihr neues  ________ ausprobieren.

Ihr Bruder Jannis ist auch dabei. Die beiden paddeln los. Bald lässt Pias Bruder die 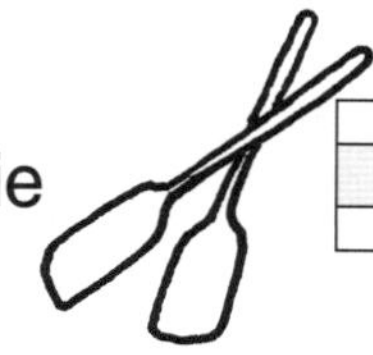 ________ sinken und sie lassen das Boot treiben. Plötzlich spüren die Geschwister einen Stoß. Zuerst denken sie, es ist ein  ________. Tatsächlich aber schaut ein  ________ über den Bootsrand. Es will die beiden zurück ans Ufer bringen, denn sie sind viel zu weit draußen. Jannis ist sehr erstaunt, denn das Mädchen hat grüne  ________. Dass es auch einen  ________ hat, bemerkt nur Pia.

2. Richtig oder falsch? Kreuze an.

	richtig	falsch	
Pia hat Ferien.	○	○	we
Jannis hat das Boot aufgepumpt.	○	○	Ni
Papa warnt die Kinder, nicht zu weit hinauszupaddeln.	○	○	Mö
Das Mädchen schleppt Pia und Jannis ab.	○	○	xe

3. Die Silben hinter den richtigen Antworten ergeben ein Lösungswort:

Eine ________ lebt am Wasser.

Nixengeschichten: In Seenot – 3 a

Am nächsten Tag paddelt Pia wieder mit ihrem Schlauchboot hinaus, diesmal allein. Sie möchte unbedingt das seltsame Mädchen wiedertreffen. Erzähle die Geschichte weiter. Denke an die Überschrift.

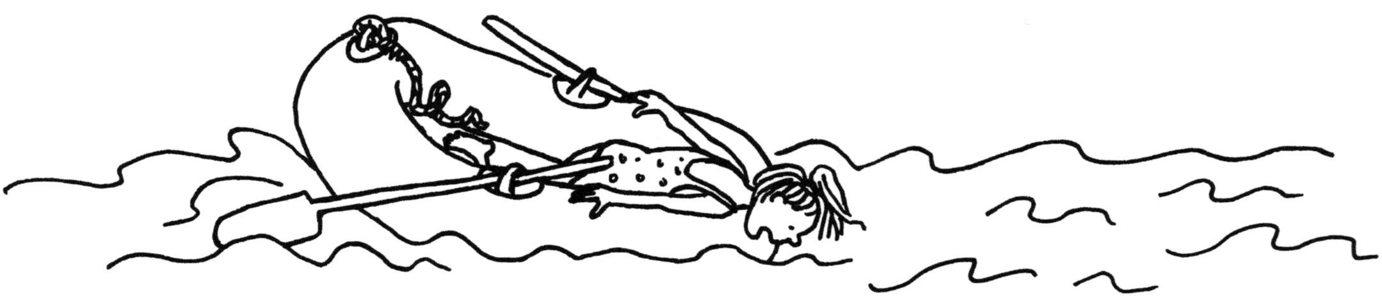

Nixengeschichten: In Seenot – 3 b

Das seltsame Mädchen scheint eine Nixe zu sein. Gib ihr einen Namen und beschreibe ihr Leben unter Wasser. Denke an die Überschrift.

Wenn du nicht mehr weiter weißt, helfen dir diese Fragen:

– Wo wohnt sie?
– Hat sie Geschwister?
– Geht sie zur Schule?
– Gibt es noch andere Nixen, mit denen sie spielen kann?

Nixengeschichten: Das schönste Schuppenkleid – 2

1. Kreuze an.

Seite 16: Warum ist die kleine Nixe Mirja traurig?

◯ Weil es Algensalat zu essen gibt.

◯ Weil sie mit Toto gestritten hat.

◯ Weil sie beim Nixenballett nicht mitmachen darf.

Seite 16: Sie darf deshalb nicht mitmachen, weil

◯ sie noch zu klein ist.

◯ ihre Schuppen nicht schön genug glitzern.

◯ sie nicht tanzen kann.

Seite 21: Am Ende ist sie doch mit Erfolg dabei, weil

◯ ein Schwarm Leuchtfische ihr Schuppenkleid wunderschön glitzern lässt.

◯ sie die Lehrerin dazu überredet hat.

◯ sie sich neue Schuppen gekauft hat.

2. Die Silben bei den richtigen Antworten ergeben das Lösungswort.

Toto ist ein ______________________.

3. Toto hat das alles eingefädelt. Wie bedankt sich Mirja bei ihm?

Falls du die Lösung nicht weißt, lies noch mal auf Seite 23 nach.

Sie gibt ihm ______________________________________.

Nixengeschichten: Das schönste Schuppenkleid – 3 a

Nach der Aufführung sind die anderen Nixen sehr neidisch auf Mirja, weil sie die Schönste beim Ballett war. Sie wundern sich sehr, dass Mirjas blasse Schuppen plötzlich so schön glitzern …

Was geschieht nun? Erzähle die Geschichte weiter. Denke an die Überschrift.

Nixengeschichten: Das schönste Schuppenkleid – 3 b

Vielleicht durftest du auch schon einmal bei etwas nicht mitmachen.
Oder du kennst jemanden, dem es so ergangen ist.

Erzähle deine Geschichte. Denke an die Überschrift.

Nixengeschichten: Ein seltsamer Fang – 2

1. Hier ist etwas durcheinandergeraten.
   Nummeriere die Sätze in der richtigen Reihenfolge.

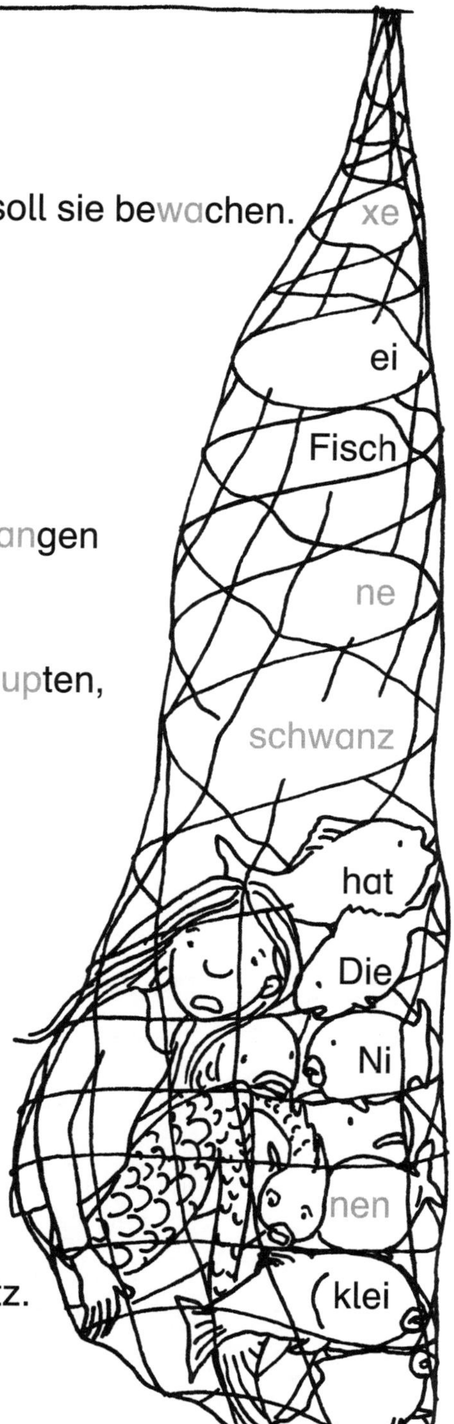

- ○ Trotzdem wird sie in ein Fass gesteckt und Arne soll sie bewachen.
- ○ Sie bedankt sich tausendfach bei Arne.
- ○ Aber der alte Seebär Knut schimpft gar nicht.
- ○ Die anderen Fischer wollen sie in einem Fass gefangen halten und Geld mit ihr verdienen.
- ○ Arne soll allerdings den anderen gegenüber behaupten, die Nixe wäre über Bord gespült worden.
- ○ Arne hört die kleine Nixe weinen. Er bekommt Mitleid und wirft sie zurück ins Meer.
- ① Arne ist ein Schiffsjunge.
- ○ Die kleine Nixe ist damit gar nicht einverstanden.
- ○ Arne denkt nun, dass er bestraft wird, weil er die Nixe freigelassen hat.
- ○ Eines Tages befindet sich eine Nixe in seinem Netz.

2. Die Silben hinter den Sätzen ergeben in der richtigen Reihenfolge einen Lösungssatz. Schreibe ihn auf.

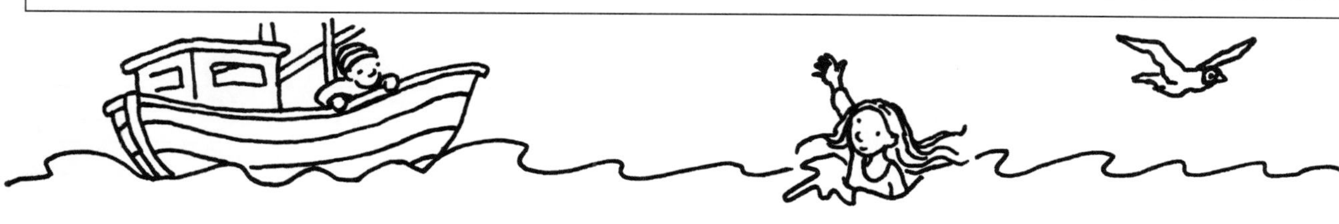

Nixengeschichten: Ein seltsamer Fang – 3 a

Die kleine Nixe ist Arne sehr dankbar. Eines Tages kommen Arne und die Fischer in ernste Schwierigkeiten. Die kleine Nixe kommt ihnen zu Hilfe.

Erzähle die Geschichte anhand der Bilder. Denke an die Überschrift.

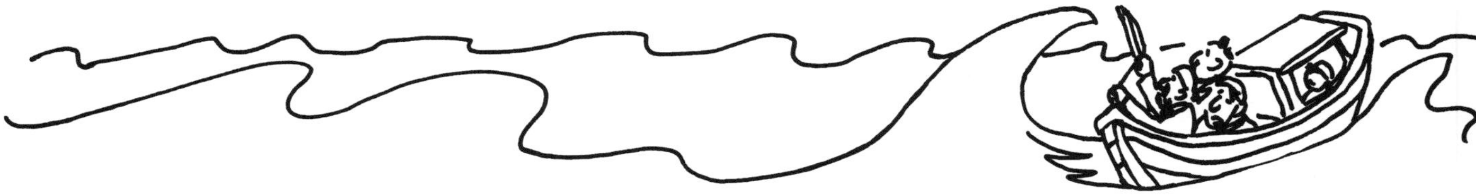

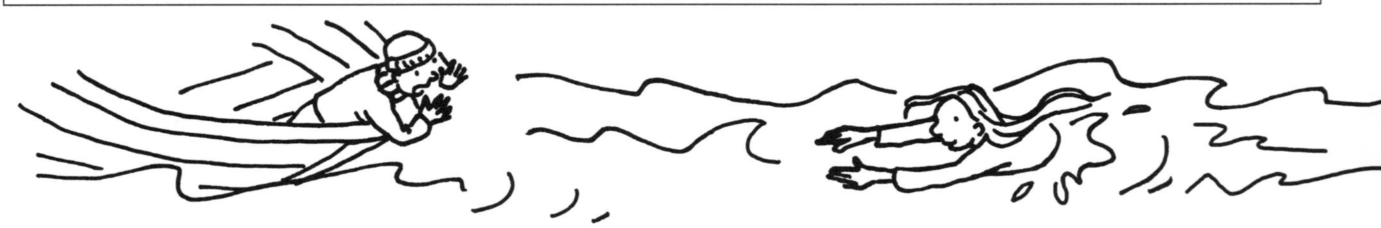

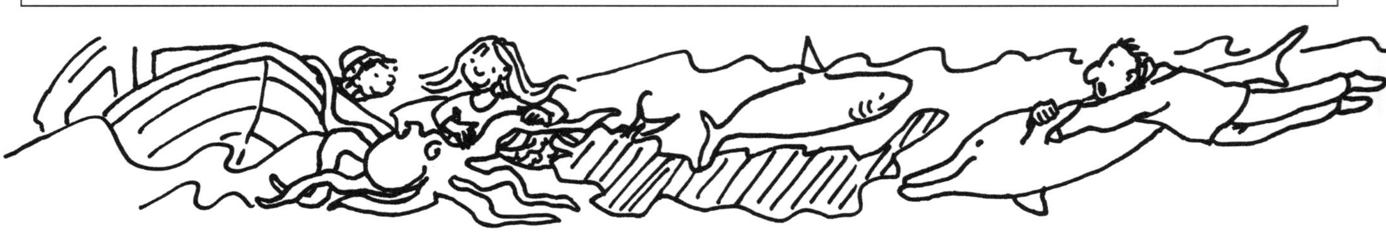

Nixengeschichten: Ein seltsamer Fang – 3 b

Der alte Seebär Knut ist echt in Ordnung. Er fand die Idee, die kleine Nixe gefangen zu halten, von Anfang an nicht gut. Aber die anderen Fischer sind stinkwütend, als sie erfahren, dass die Nixe nicht mehr da ist.

Erzähle die Geschichte weiter. Denke an die Überschrift.

Nixengeschichten: Die Riesen-Perle – 2 a

1. Ergänze.

① Die beiden Nixen heißen Susa und ____________.

② Sie sind beste ____________.

③ Jeden Tag spielen sie Verstecken zwischen den ____________.

④ Eines Tages finden sie eine Riesen-Perle in einer ____________.

⑤ Die Farbe der Perle ist ____________.

⑥ Titus ist ein ____________.

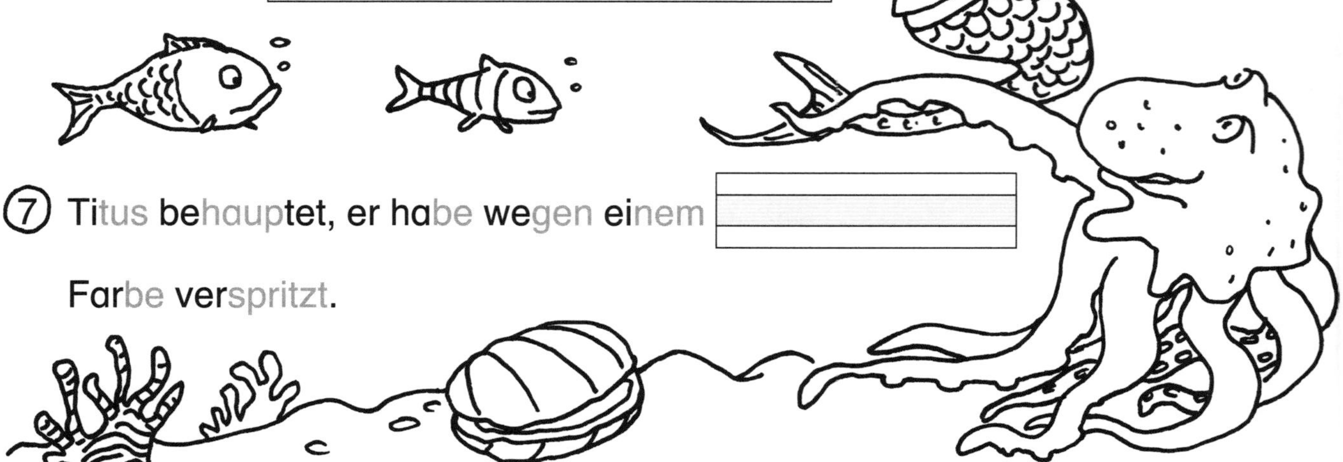

⑦ Titus behauptet, er habe wegen einem ____________

Farbe verspritzt.

⑧ Titus versteckt die Perle in seiner ____________.

Nixengeschichten: Die Riesen-Perle – 2 b

1. Trage die Wörter von KV 37 ein.

2. Die Buchstaben in den fetten Kästchen ergeben das Lösungswort.

Die Arme eines Tintenfischs nennt man _ _ _ _ _ _ _ _ .

(1 2 3 4 5 6 7 8)

Nixengeschichten: Die Riesen-Perle – 3 a

Der Tintenfisch Titus hat geschwindelt. Da war gar kein Hai und Titus hat die Perle genommen. Warum hat er das gemacht? Wird er den Mädchen die Perle wieder zurückgeben? Erzähle die Geschichte weiter.

Denke an die Überschrift.

Schreibe auch, wie du über Titus denkst. Sind solche „Notlügen“ okay?

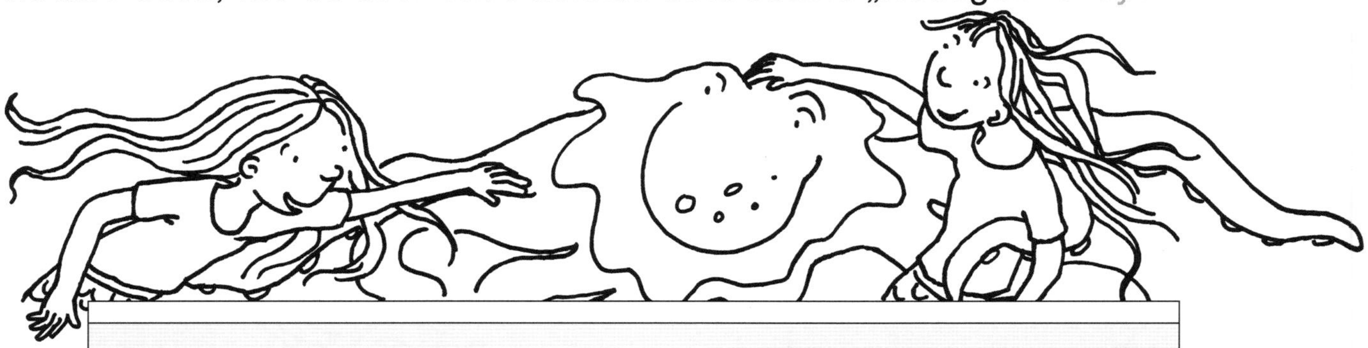

Nixengeschichten: Die Riesen-Perle – 3 b

Der Tintenfisch hat sich einer Notlüge bedient, weil er den Streit der Mädchen beenden wollte. Hast du auch schon einmal geschwindelt, aber etwas Gutes damit erreichen wollen? Erzähle. Denke an die Überschrift.

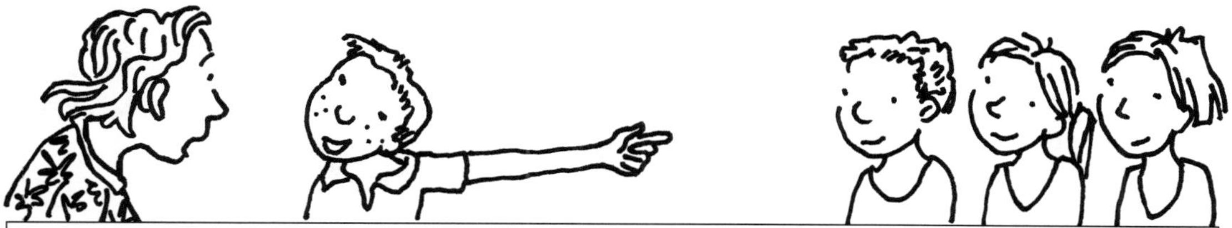

Baumhausgeschichten – 1a

1. Das sind alles Dinge, die man für den Bau eines Baumhauses gut brauchen kann.

a) Schreibe die Wörter unter die Bilder. Streiche die Silben ab.

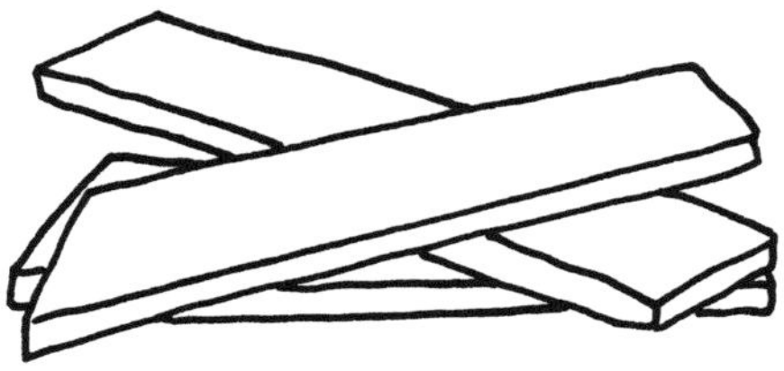

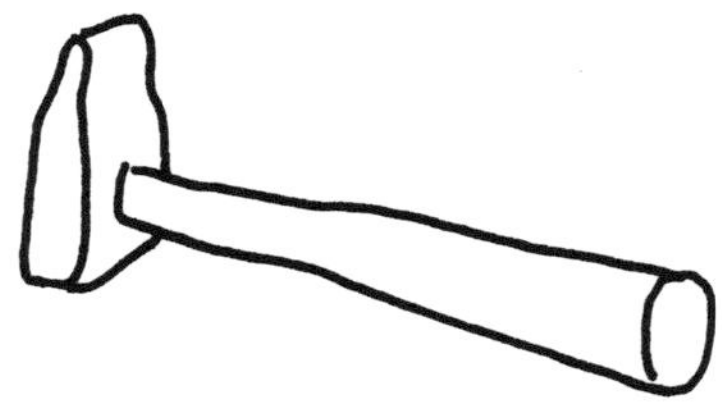

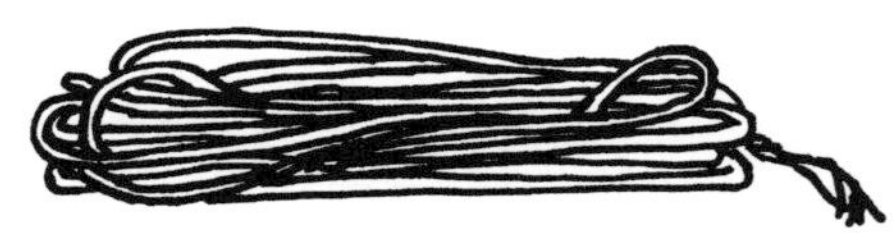

b) Schreibe die Wörter in die passende Spalte und streiche sie ab.

Nomen	Verben	Adjektive

Baumhausgeschichten – 1 b

1. Die Kinder auf der Sommerfreizeit bauen ein Baumhaus.
Verbinde die richtigen Satzteile.

Jan	befestigen	die Leiter.
Herr Fenn	sichern	die Bretter.
Hannah	mischen	das Dach.
Leo	sägen	die Nägel.
Marie	sortieren	die Farbe.

2. Schreibe die Sätze aus Aufgabe 1 richtig auf.
Beachte die richtige er-Form.

Baumhausgeschichten: Die Geburtstagsbretter – 2

1. Seite 5: Wie alt wird Basti heute?

○ sechs Jahre ○ sieben Jahre ○ acht Jahre

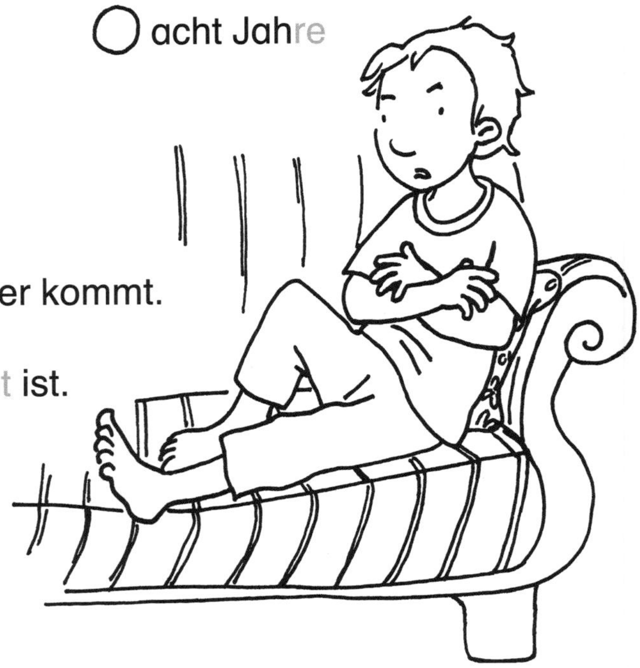

2. Seite 11: Warum ist Basti enttäuscht?

○ Weil niemand zu seiner Geburtstagsfeier kommt.

○ Weil sein Geburtstagskuchen verbrannt ist.

○ Weil er so viele Holzbretter bekommt.

3. Seite 13: Was liegt neben der Eiche?

Markiere die fünf Wörter im Suchsel und schreibe sie auf.

O	L	T	Ä	F	S	C	K
W	E	R	K	Z	E	U	G
I	I	S	I	A	I	R	T
L	T	R	D	N	L	Ü	B
E	E	N	Ä	G	E	L	E
B	R	E	T	T	E	R	L

4. Was sagt Basti, nachdem das Baumhaus fertig ist?

Seite 15:

5. Wo findet das Geburtstagsessen statt?

Seite 15:

Baumhausgeschichten: Die Geburtstagsbretter – 3 a

Eines Nachmittags verbringt Basti mit seinem Freund ein paar Stunden im Baumhaus. Die beiden haben eine Menge Spaß, doch plötzlich …
Erzähle die Geschichte anhand der Bilder. Denke an die Überschrift.

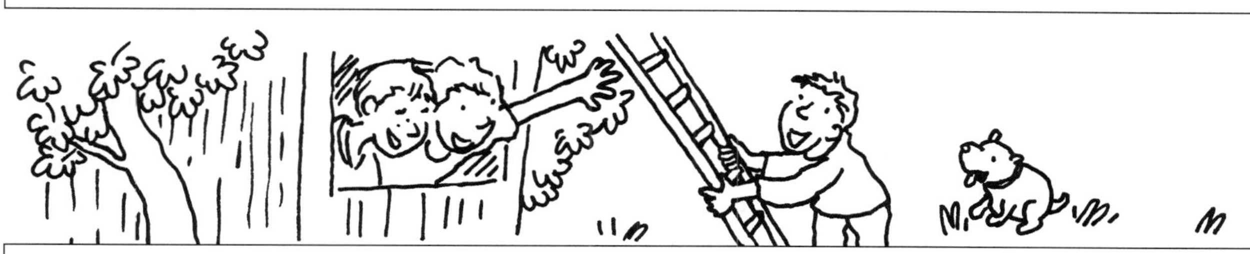

Baumhausgeschichten: Die Geburtstagsbretter – 3 b

Vielleicht warst du auch schon einmal enttäuscht über ein Geschenk, das du bekommen hast. Erzähle deine Geschichte. Denke an die Überschrift.

Wenn du nicht mehr weiter weißt, helfen dir diese Fragen:

- Was hast du geschenkt bekommen?
- Was hattest du dir stattdessen gewünscht?
- Warum warst du enttäuscht?
- Was hast du anschließend getan?

1. Hier ist etwas durcheinandergeraten.
Nummeriere die Sätze in der richtigen Reihenfolge.

◯ Aber es braucht dringend einen neuen Anstrich.

◯ Mama und Papa wollen das Geld nicht zahlen, also müssen sich die Kinder etwas einfallen lassen.

◯ Endlich ist das Baumhaus wunderschön bunt!

◯ Nun haben sie genügend Geld beisammen und können die Farben kaufen.

◯ Am nächsten Tag zeigt Mick im Baumhaus-Kino eine DVD und bekommt dafür Geld von den Eltern.

(1) Mara und Mick haben ein tolles Baumhaus.

◯ Einen Tag später geben Mick und Mara eine Vorstellung mit selbst gebastelten Figuren: das Baumhaus-Kasperle.

◯ Mick hat eine Idee. Am nächsten Tag gibt Mara im Baumhaus eine Vorlesestunde für die Eltern – gegen Bezahlung natürlich.

◯ Doch leider kosten die Farben sehr viel und das Taschengeld der beiden reicht nicht.

2. Die Silben hinter den Sätzen ergeben in der richtigen Reihenfolge eine andere Überschrift für die Geschichte:

____

Baumhausgeschichten: Der Baumhauszauber – 3 a

Mara und Mick haben viele Vorstellungen gegeben, um das nötige Geld zu verdienen. Wie könnte z. B. „Das Baumhaus-Kasperle“ ausgesehen haben? Erfinde eine Geschichte zu den Figuren. Denke an die Überschrift.

Baumhausgeschichten: Der Baumhauszauber – 3 b

Sicherlich hattest du auch schon einen Wunsch, aber deine Eltern wollten oder konnten dir das Geld dafür nicht geben. Was hast du dann gemacht? Erzähle deine Geschichte. Denke an die Überschrift.

Baumhausgeschichten: Das Birkenhaus – 2

1. Vervollständige den Text.

Mitten auf dem Feld vor dem Bauernhaus steht eine hohe Birke.

Sie hat drei  ______. Der Bauer muss

beim Pflügen mit seinem  ______ jedes Mal um den

Baum herumfahren. Das ärgert ihn. Der  ______

und der  ______ freuen sich über den Baum.

Die Kinder Ole und Madita auch. Sie haben aus Brettern eine

 ______ gebaut und in der Birke befestigt. Als der

Bauer eines Tages mit seinem Traktor zu nahe an der Birke vorbeifährt,

bekommt die Frontscheibe einen  ______.

Nun will der Bauer den Baum mit einer  ______

absägen. Ole und Madita sind entsetzt. In der folgenden Nacht bauen sie ein

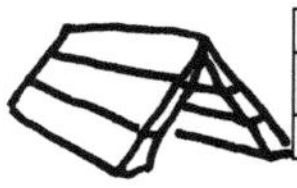 ______ und Seitenwände an die Baumbank. Davor

hängen sie ein Schild.

2. Was steht auf dem Schild?

Seite 38:

______

______

Baumhausgeschichten: Das Birkenhaus – 3 a

Schaue dir die Seite 39 noch einmal genau an. Der Vater legt die Kettensäge beiseite und setzt sich in das Baumhaus.

Was meinst du, wie geht die Geschichte weiter?
Schreibe das Ende. Denke an die Überschrift.

Folgende Fragen können dir helfen:

– Sägt der Bauer die Birke doch noch ab oder lässt er sie stehen?
– Was sagt er zu Ole und Madita, als sie aus der Schule kommen?

Baumhausgeschichten: Das Birkenhaus – 3 b

„Was jemand baut, darf jemand anders nicht einfach kaputt machen“, finden Ole und Madita. Was meinst du? Hat dir schon einmal jemand etwas kaputt gemacht? Erzähle dein Erlebnis. Denke an die Überschrift.

Folgende Fragen können dir helfen:

– Was wurde kaputt gemacht?
– Wann war das?
– Wer war es?
– Wie hast du dich gefühlt?
– Wie ging die Geschichte aus?

Das Hexeninternat – 1

1. Im Hexen-Benimm-Kurs sagt Maya den Hexenmädchen, was sie tun sollen. Schreibe die Aufforderungssätze. Denke an das Wort „bitte“ und das Ausrufezeichen.

Hängt bitte eure Klamotten auf!

2. Bilde aus den einzelnen Wörtern vier zusammengesetzte Nomen.

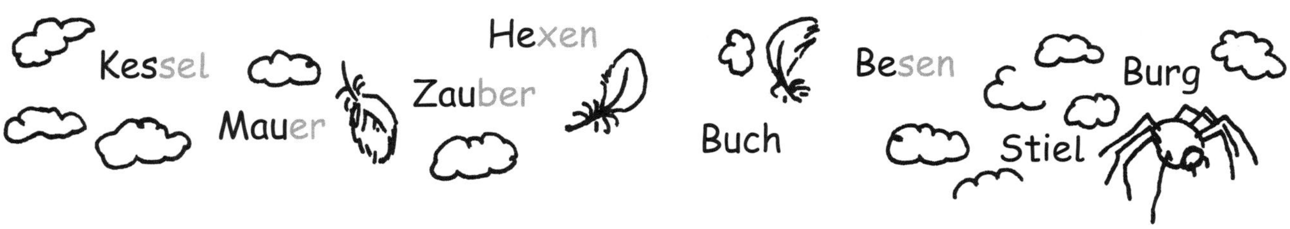

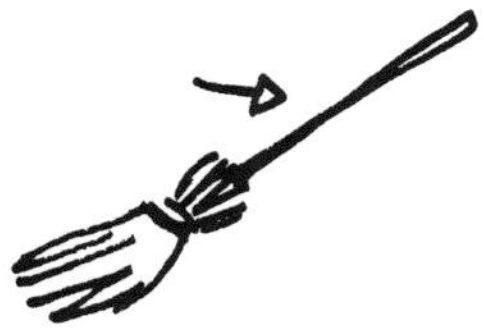

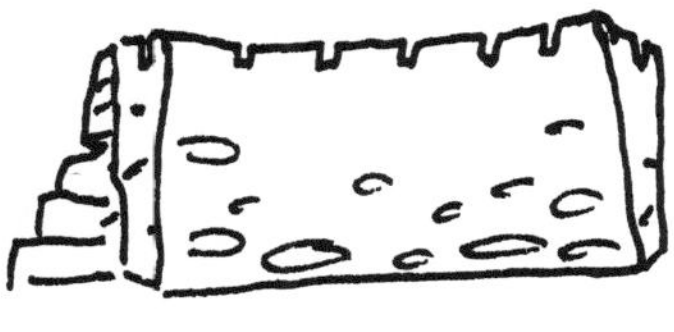

Das Hexeninternat – 2 a

Beantworte die Fragen oder kreuze die richtige Antwort an.

1. Seite 6: Worin unterscheidet sich die Aula des Hexeninternats von einer normalen Aula?

   Aus der Klimaanlage quillt

   ______________________________.

2. Seite 7: Welche vier Dinge verbietet Frau Bitterwurz den Hexenmädchen, wenn die Jungs zum Schüleraustausch kommen?

   ○ popeln ○ putzen ○ rülpsen
   ○ hexen ○ Besenreiten ○ lesen

3. Seite 22 und 23: An welchen Aussagen von Cosimo und Lorenz kann man schon ahnen, dass die Jungs keine normalen Jungs sind?

   Cosimo: Wie ein ______________________.

   Lorenz: Geht's dort zum ______________________?

   Cosimo: Cooler ______________________!

4. Seite 24 und 25:

   Während der Schulstunde passieren zwei seltsame Dinge:

   Die Zahlen an der Tafel ______________________ und

   jemand zaubert ______________________ in den Klassenraum.

Das Hexeninternat – 2 b

1. Immer zwei Sätze bedeuten das Gleiche. Verbinde.

Sie schweigt wie ein Grab. o	o Alles klappt ohne Probleme.
Maya kann keiner Fliege o etwas zuleide tun.	o Die zwei beobachten heimlich etwas.
Es läuft alles wie o am Schnürchen.	o Sie erzählt niemandem davon.
Maya ist außer sich. o	o Maya regt sich furchtbar auf.
Die zwei legen sich o auf die Lauer.	o Maya möchte niemandem etwas Böses tun.

2. Ergänze.

Seite 34: Wie lautet der Zauberspruch von Lorenz und Cosimo zum Besenreiten?

Seite 35: Und mit welchem Zauberspruch bringt Maya die Jungs wieder zurück?

Das Hexeninternat – 2 c

1. Ergänze.

① So heißt das Hexeninternat: Burg ____________

② So heißt die Rektorin des Internats: Frau ____________

③ Was machen Hexenmädchen? In die Ecke ____________ und

④ in der Nase ____________.

⑤ Wenn die Rektorin um Aufmerksamkeit bittet, klopft sie gegen einen ____________.

⑥ So heißt der Junge mit der Warze: ____________

⑦ Zu ihrem Entsetzen findet Maya auf dem Turm ____________ von einem Flugbesen.

⑧ Hexenmädchen schwören bei ____________ und Schleimfleck.

⑨ Damit kann man laut Regel 367 des Zauberbuches jede verschlossene Tür öffnen: ____________

⑩ Cosimo und Lorenz sind keine normalen Jungs, sondern ____________.

Das Hexeninternat – 2 d

1. Trage die Wörter von KV 55 ein.

2. Trage das Lösungswort ein.

Das sagen die Hexenmädchen vor dem Mittagessen:

G												!
	1	2	3	4	5	6	7	8	9	10	11	

Das Hexeninternat – 3 a

Nachdem sich alles aufgeklärt hat, beschließen Maya, Cosimo und Lorenzo, eine höllisch heiße Zauberparty zu feiern. Doch zum Entsetzen von Maya vergessen die Hexen und Zauberer ihr gutes Benehmen …
Erzähle, was auf dieser Party geschieht. Das Bild hilft dir dabei.
Denke an die Überschrift.

Das Hexeninternat – 3 b

Würdest du auch einmal gerne eine höllisch wilde Party feiern?
So ganz ohne Eltern oder andere Aufsichtspersonen?
Wie würde diese Party aussehen? Erzähle. Denke an die Überschrift.

Fußballgeschichten – 1 a

1. Von jeweils vier Wörtern passt ein Wort nicht. Markiere es.
   Die Anfangsbuchstaben der markierten Wörter ergeben in der richtigen Reihenfolge das Lösungswort.

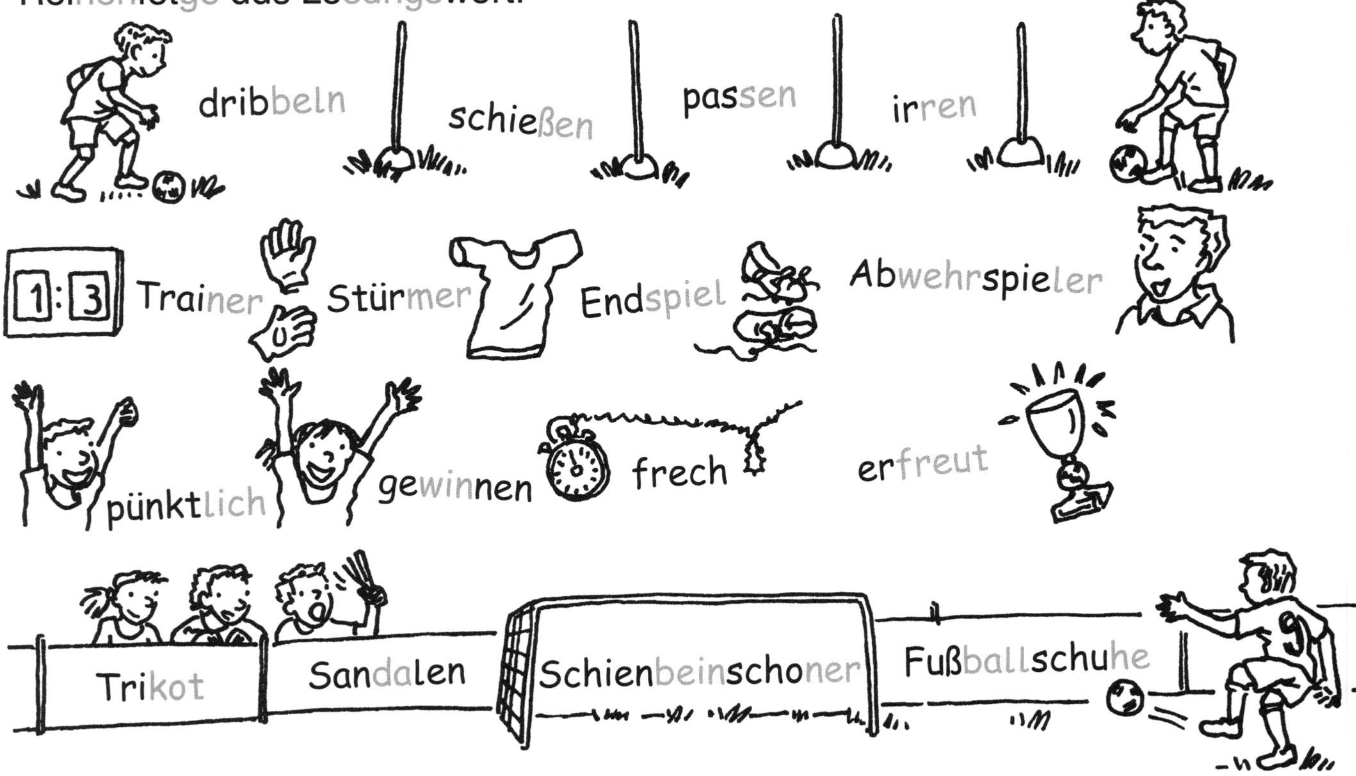

Darüber freut sich eine Mannschaft nach einem Turnier besonders:

2. Schreibe auf, was die Kinder machen. Bilde Sätze in der ich-Form.

William: die Tore schießen

Theo: den Ball nach vorne spielen

Joschi: die goldene Torwand gewinnen

Lisa: die Mannschaft aufs Feld begleiten

Fußballgeschichten – 1 b

1. Hier sind die Wörter durcheinandergeraten. Schreibe die Sätze richtig.
Tipp: Schreibe den Satzanfang groß und setze am Satzende einen Punkt.

Zwillinge die der von Schule Frau Keller ab holt

prallt ins Ball Tor der unaufhaltsam eigene

2. Leo schreibt seinem Freund eine SMS aus der Fußballfreizeit. An einigen Stellen ist er sich nicht sicher, wie die Wörter richtig geschrieben werden. Hilf ihm und fülle die Lücken.

Fußballgeschichten: William kommt – 2

Ergänze oder kreuze an.

1. Seite 6: Wie stellt der Trainer William, Nadja und Theo für das Spiel auf?

____ spielt hinten, ____ außen.

____ spielt vorne und schießt die Tore.

2. Aus welchem Grund macht der Trainer das?

- ○ Weil Theo im letzten Spiel ein Eigentor geschossen hat.
- ○ Weil William hervorragend spielt.
- ○ Weil William kaum Deutsch kann und der Trainer nett sein will.

3. Seite 7: Warum ist Theo darüber verärgert?

Bisher ____

____

4. Fülle die Lücken aus. Die Wörter unten helfen dir.

Anfangs spielt ____ William nicht an und ____ ignoriert ihn. Trotzdem schießt William das ____. Durch ein ____ steht es zur Halbzeit 1:1. Dann reißt Theo sich zusammen und spielt ____ an. Es steht 2:1. Nadja passt ____ zu William, der schießt ____. Am Ende gewinnen sie sogar ____.

Theo 4:1 Eigentor Nadja
3:1 William 1:0 den Ball

Fußballgeschichten: William kommt – 3 a

Zunächst sind Theo, Nadja und William beste Freunde. Doch dann wird ihre Freundschaft auf eine harte Probe gestellt. Erzähle die Geschichte weiter. Denke an die Überschrift. Die Bilder und die Wörter helfen dir dabei.

Wettkampf, William trickst Nadja und Theo aus

William gewinnt, Nadja und Theo zuerst sauer

faires Spiel, man muss verlieren können, Glückwünsche

  · Bestell-Nr. 1404-61

Fußballgeschichten: William kommt – 3 b

1. Spielst du in einem Verein Fußball? Wenn ja, hast du sicherlich schon bei einem Turnier mitgespielt. Erzähle. Denke an die Überschrift.
   Die folgenden Fragen können dir dabei helfen:
   - Gegen wen habt ihr gespielt und wo?
   - In welcher Position hast du gespielt?
   - Wie ging das Spiel aus?
   - Wer spielte am besten und wer nicht so gut?
   - Wie war die Stimmung in deiner Mannschaft?

Fußballgeschichten: Die doofe Frau Keller – 2

1. Vervollständige den Text.

Frau Keller soll heute die  ____________ Kai und Jakob von der Schule abholen, weil ihre Mutter zum  ____________ muss. Die beiden mögen Frau Keller nicht. Sie finden, dass sie wie eine  ____________ aussieht. Sie machen üble Witze über sie und Jakob malt ein böses  ____________. Doch dann schlägt Frau Keller vor,  ____________ zu spielen. Zum Erstaunen der Jungs kann sie Kunststücke und den Ball geschickt mit der  ____________ stoppen. Die drei spielen um ein  ____________. Die Jungs gewinnen zwar, aber auch nur, weil Frau Keller die  ____________ ausgeht.

2. Warum kann Frau Keller so geschickt mit dem Ball umgehen?

Seite 22: Sie hat vor zwei Jahren ____________

____________ trainiert.

Fußballgeschichten: Die doofe Frau Keller – 3 a

Frau Keller holt die Jungs nun öfter von der Schule ab.
Erzähle die Geschichte mithilfe der Bilder und Wörter weiter.
Denke an die Überschrift.

andere Kinder auslachen

trainieren, Tricks und Kunststücke beibringen

Turnier, Zwillinge beste Spieler

Pokal gewinnen, bei Frau Keller bedanken, andere Kinder beeindruckt

Fußballgeschichten: Die doofe Frau Keller – 3 b

1. Vielleicht wirst du auch ab und zu von jemand anderem als deine Mama oder dein Papa betreut. Erzähle. Denke an die Überschrift.
   Die folgenden Fragen können dir dabei helfen.

   – Wer ist der- oder diejenige?
   – Wie sieht sie/er aus?
   – Wieviel Zeit verbringt der- oder diejenige mit dir?
   – Was unternimmt ihr zusammen?
   – Magst du sie/ihn?

Fußballgeschichten: Die goldene Torwand – 2

1. Kannst du dich an die Geschichte erinnern?
Verbinde die Satzteile miteinander, sodass eine kurze Nacherzählung entsteht.

1. Joschi ist heute mit seinem Freund Iken	die goldene Torwand gewinnen.
2. Er möchte	spielt im Verein und ärgert Joschi andauernd.
3. Aber sein Rivale Leon	auf dem Sportfest.
4. Leon ist ein Jahr älter,	da er sich von Leon durcheinanderbringen lässt.
5. Als Joschi gegen Leon antreten muss,	macht auch mit.
6. Joschi verschießt die Bälle,	stichelt Leon und verspottet ihn.
7. Aber dann stopft er sich Ohrenstöpsel in die Ohren,	während Leon zwei verschießt.
8. Joschi trifft alle drei Bälle,	Joschi und Leon ärgert sich.
9. Am Ende gewinnt	sodass er Leon nicht mehr hören kann.

2. Schreibe die verbundenen Satzteile aus Aufgabe 1 in der richtigen Reihenfolge in dein Heft.

Fußballgeschichten: Die goldene Torwand – 3 a

Leon ärgert sich ziemlich, dass er verloren hat. Das will er nicht auf sich sitzen lassen. Er denkt sich allerlei Gemeinheiten aus.
Erzähle die Geschichte weiter.
Denke an die Überschrift.

Fußballgeschichten: Die goldene Torwand – 3 b

Bestimmt warst du auch einmal in einer Situation, in der du Ohrenstöpsel hättest gut gebrauchen können, weil dich jemand geärgert hat. Erzähle deine Geschichte. Denke an die Überschrift.

Fußballgeschichten: Lisa, der Fußballstar – 2

1. Kreuze an. Kreise die Lösungssilben ein.

a) Seite 33: Lisa hat ein Ticket für das Endspiel im DFB-Pokal, weil

- ◯ sie es bei einem Preisausschreiben gewonnen hat.
- ◯ ihre Mutter sie überraschen wollte.
- ◯ ihre Mannschaft das Turnier gewonnen hat.

b) Seite 36: Das Spiel findet

- ◯ acht Wochen
- ◯ acht Tage
- ◯ vier Wochen

später statt.

c) Seite 37: Lisa ist im Fernsehen zu sehen, wie sie

- ◯ von einem der Spieler an der Hand ins Stadion geführt wird.
- ◯ einem Reporter ein Interview gibt.
- ◯ auf der Tribüne zuschaut.

d) Seite 39: Was ist in dem Päckchen, das Lisa von ihrem Vater bekommt?

- ◯ Ein Trikot von Lisas Lieblingsspieler.
- ◯ Eine DVD vom Endspiel.
- ◯ Ein Trikot für das nächste DFB-Spiel.

2. Die Silben der richtigen Antworten ergeben das Lösungswort.
Diese Spieler verhindern, dass der Gegner ein Tor schießt:

____

1. Weil Lisa das entscheidende Tor zu ihrem Mannschaftssieg geschossen hat, darf sie einen Profispieler auf das Spielfeld begleiten.
Zurück in der Schule erzählt Lisa davon.
Erzähle. Denke an die Überschrift.

Folgende Fragen können dir helfen:

– Wie hat Lisa sich dabei gefühlt
  – einen berühmten Fußballer zu treffen?
  – im Fernsehen zu sein?
– War der Spieler nett zu ihr?
– Hat er etwas zu ihr gesagt?

Fußballgeschichten: Lisa, der Fußballstar – 3 b

1. Sicher bist du ein Fan eines Fußballvereins und bestimmt findest du einen Spieler besonders toll, den du auch mal gerne vor Anpfiff aufs Feld begleiten würdest. Erzähle. Denke an die Überschrift.

Folgende Fragen können dir helfen:

– Wie heißt dein Lieblingsverein?

– Wie heißt dein Lieblingsspieler?

– Warum magst du ihn besonders?

– Hast du deine Lieblingsmannschaft schon einmal im Stadion spielen sehen?

– Besitzt du Fanartikel, wie zum Beispiel ein Trikot oder einen Schal?

Kleiner Fuchs auf großer Jagd – 1

1. Hier geht es um Indianer. Ordne die Wörter den Oberbegriffen zu.

2. Das ist der Indianerjunge Schwarzer Falke.

a) Suche aus den folgenden Adjektiven die heraus, die zu Schwarzer Falke passen. Kreise sie ein.

b) Male seine Kleider an und beschreibe sie dann.

„Schwarzer Falke“ trägt ein __________ Gewand

aus Bisonleder, einen __________ Bogen und als

Kopfschmuck eine __________ Feder.

Kleiner Fuchs auf großer Jagd – 2 a

1. Kreuze die jeweils richtige Antwort an und kreise die dazugehörige Lösungssilbe ein.

Seite 6: Kleiner Fuchs darf nicht mit auf die Jagd, weil er

- ◯ was angestellt hat.
- ◯ noch zu klein ist.
- ◯ den Fluss beobachten muss.

Seite 23: Kleiner Fuchs will keine Ratschläge von Kleiner Bär, weil dieser

- ◯ zwei Jahre jünger ist.
- ◯ unfreundlich zu ihm ist.
- ◯ ein Jahr jünger ist.

Seite 30: Kleiner Fuchs erreicht das andere Ufer des Flusses nicht, weil

- ◯ das Wasser zu kalt ist.
- ◯ er sich nicht weiter traut.
- ◯ die Strömung ihm die Beine wegreißt.

Seite 38: Am Ende darf Kleiner Fuchs mit auf

- ◯ die Büffeljagd.
- ◯ die Hirschjagd.
- ◯ die Bärenjagd.

2. Die Silben der richtigen Antworten ergeben das Lösungswort.

Kleiner Fuchs denkt, das sei Frauensache:

____

Kleiner Fuchs auf großer Jagd – 2 b

1. An diesen Textstellen erkennt man, dass die Großmutter von Kleiner Fuchs die Natur sehr liebt und achtet. Ergänze.

Seite 15: „Wer einfach ___ ___ und wegwirft, tut

der ___ weh. Dann wird sie ___ und lässt keine ___ mehr blühen.

Seite 16: Wenn Großmutter ___ und ___ sammelt, nimmt sie nur so viel, dass die ___ ___ können.

2. Ein Wort in jedem Satz ist falsch. Streiche es durch und schreibe den Satz richtig auf die Linien.

a) Großmutter gräbt mit einem Stock Erdnüsse aus.

b) Der Bär hat in einem hohlen Baumstamm Erdbeermarmelade entdeckt.

c) Ohne Regen führt der Fluss mehr Wasser.

Kleiner Fuchs auf großer Jagd – 2 c

1. Hier ist etwas durcheinandergeraten.
Nummeriere die Sätze in der richtigen Reihenfolge.

◯ Aber anstatt zu schimpfen, lobt Häuptling Adlerauge seinen Sohn für sein kluges und mutiges Handeln. Va

◯ Stattdessen geht er widerwillig mit seiner Großmutter Beeren und Kräuter sammeln. ler

◯ Als er seinen Vater erneut bittet, mit auf die Jagd zu dürfen, stellt dieser ihm eine Aufgabe: ge

◯ Von da an beobachtet Kleiner Fuchs den Fluss wochenlang, um den geeigneten Zeitpunkt und die beste Stelle für die Überquerung zu finden. ein

(1) Kleiner Fuchs darf nicht mit den anderen auf die Jagd. Ad

◯ Dann ist es soweit. Kleiner Fuchs wagt es. Doch er erreicht das andere Ufer nicht. Die Strömung ist zu stark. gu

◯ Dabei lernt Kleiner Fuchs von ihr eine Menge über die Natur, und er begegnet einem Bären. au

◯ Glücklicherweise ist ihm sein Vater gefolgt und rettet ihn vor dem Ertrinken. ter

◯ Kleiner Fuchs darf seinen Vater und seinen Bruder schließlich auf die Hirschjagd begleiten. ter

◯ Kleiner Fuchs soll aus eigener Kraft den Fluss überqueren. ist

2. Wenn du die Aufgabe richtig gelöst hast, ergeben die Silben hinter den Sätzen einen Lösungssatz. Schreibe ihn auf.

____

Kleiner Fuchs auf großer Jagd – 3 a

Stelle dir vor, Häuptling Adlerauge wäre Kleiner Fuchs nicht heimlich zum Fluss gefolgt, sondern Kleiner Bär. Erfinde ein anderes Ende für die Geschichte. Die Wörter und Bilder unten sollen dir dabei helfen. Denke an die Überschrift.

Je mehr Kleiner Fuchs' Kräfte erlahmen, desto schneller treibt er flussabwärts. Er schreit laut um Hilfe, doch niemand hört ihn. Plötzlich

Kleiner Fuchs auf großer Jagd – 3 b

Kleiner Fuchs geht mit seinem Vater und seinem Bruder auf die Hirschjagd.
Erzähle die Geschichte. Denke an die Überschrift.

Ein Bruder für Anna – 1

1. Bei Annas Brüderchen Fabian ist alles noch sehr winzig.
Die Nomen stehen alle in der Verkleinerungsform.
Schreibe die „große" Form mit bestimmtem Artikel dazu.

 Fingerchen ➡ ________ 

 Füßchen ➡ ________ 

 Händchen ➡ ________ 

 Öhrchen ➡ ________ 

 Däumchen ➡ ________ 

2. Die Wörter sind durcheinandergeraten. Schreibe den Satz richtig.

____

____

3. Finde Wörter.
Streiche die Silben ab und schreibe die Wörter in die passende Spalte.

Nomen	Verben	Adjektive

Pur cheln wei se wi lich staunt glück Win
zel nen lei Schlips baum er ckeln strei del

Ein Bruder für Anna – 2 a

1. Die Geschichte ist etwas durcheinandergeraten.
   Nummeriere die Sätze in der richtigen Reihenfolge.

◯ Eines Morgens nach dem Aufstehen fährt Papa Mama ins Krankenhaus.

◯ Anna kann deshalb kaum schlafen.

◯ Das Baby ist inzwischen auf der Welt. Es ist ein Junge.

◯ In der Zwischenzeit geht Anna zu ihrer Nachbarin Melanie.

◯ Einen Tag später kommt Fabian nach Hause. Er schreit ziemlich viel.

◯ Um acht Uhr abends kommt Papa wieder.

◯ Am nächsten Tag darf Anna Mama im Krankenhaus besuchen und bringt ihr ein Bild mit.

◯ Zuerst denkt sie, dass das mit dem Baby keine so gute Idee war.

(1) Annas Mama hat einen ziemlich dicken Bauch. Sie bekommt ein Baby.

◯ Die beiden spielen, dass Anna ein Baby bekommt.

◯ Dann aber findet sie ihren Bruder doch süß.

◯ Anna findet, dass Fabian rot und verschrumpelt aussieht.

2. Schreibe die Geschichte in dein Heft.

Ein Bruder für Anna – 2 b

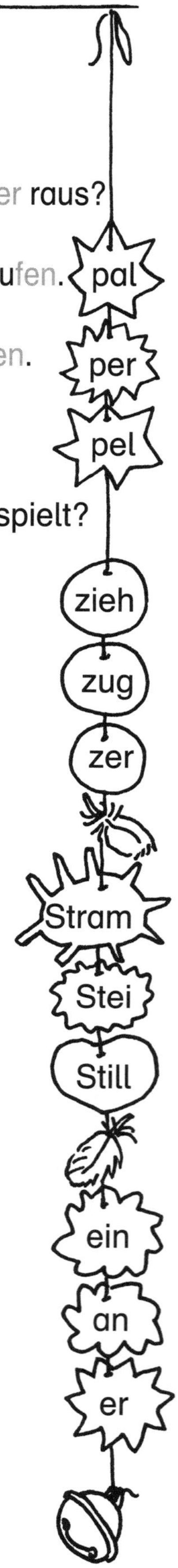

1. Kreuze an.
   Kreise die Lösungssilben ein.

Seite 5: Warum bleiben Babys so lange im Bauch und kommen nicht früher raus?

- ◯ Damit die Eltern genug Zeit haben, Strampelanzüge und Windeln zu kaufen.
- ◯ Damit die Eltern genug Zeit haben, alles über die Elternschaft zu lernen.
- ◯ Weil sie sonst nicht kräftig genug zum Leben sind.

S. 18 u. 19: Was stopft sich Anna unter ihren Pulli, als sie mit Melanie spielt?

- ◯ Ein Kissen
- ◯ Eine Puppe und ein Kissen
- ◯ Zwei Puppen

Seite 29: Wo liegt Fabian, als Anna ins Krankenhaus kommt?

- ◯ Auf dem Kopfkissen neben Mama.
- ◯ In einer Wiege neben dem Fenster.
- ◯ Bei Papa auf dem Arm.

Seite 42: Was macht Fabian, als er auf dem Wickeltisch liegt?

- ◯ Er schreit.
- ◯ Er pinkelt.
- ◯ Er greift nach Annas Finger.

2. Die Silben der richtigen Antworten in der richtigen Reihenfolge ergeben das Lösungswort. In einem Karton findet Anna ihren ersten

______________________________ .

Ein Bruder für Anna – 2 c

1. Löse das Rätsel.

① Seite 10: Ein anderes Wort für Krawatte.

② Seite 12: Wie nennt man Geschwister, die zur gleichen Zeit geboren werden?

③ Seite 13: So nennt man die Schmerzen, wenn das Baby kommt.

④ Seite 18: Eine Frau, die hilft, Babys auf die Welt zu bringen, nennt man …

⑤ Seite 20: Wenn ein Baby auf die Welt kommt, nennt man das …

⑥ Seite 30: Viele Babys haben noch keine Haare auf dem Kopf. Sie haben eine …

⑦ Seite 35: Babys liegen in einer …

⑧ Seite 40: Ein Baby muss eine … tragen, weil es noch nicht auf Toilette gehen kann.

2. Trage das Lösungswort ein.

Anna ist Fabians

1	2	3	4	5	6	7	8	9

.

Ein Bruder für Anna – 3 a

Nach der ereignisreichen Woche schreibt Anna ihre Erlebnisse und Gedanken in ihr Tagebuch.
Schreibe einen Tagebucheintrag.
Tipp: Lies noch einmal nach, wie unterschiedlich sich Anna gefühlt hat und wie sie die Ankunft ihres Bruders zu Hause erlebt hat.

Ein Bruder für Anna – 3 b

Hast du auch ein kleines Geschwisterchen in der Familie oder ein Baby in der Verwandtschaft? Erzähle. Denke an die Überschrift.

Folgende Fragen können dir helfen, wenn du nicht mehr weiter weißt:

- Schreit das Baby viel?
- Macht es manchmal lustige Dinge?
- Wie findest du, dass es aussieht?
- Konntest du schon mit ihm spielen?
- Kümmerst du dich manchmal auch um das Baby, vielleicht beim Wickeln oder Füttern?

Mama hat heut' frei – 1

1. Von jeweils vier Wörtern passt ein Wort nicht. Kreise ein. Die Anfangsbuchstaben der markierten Wörter ergeben das Lösungswort.

Nutella Honig Schnitzel Marmelade

aber unter vor hinter

spülen kochen putzen fernsehen

Löffel Tasse Messer Gabel

Das trinken Kinder sehr gern: ____________

2. Alles dreht sich um den Kindernachmittag. Ordne die Wörter den vier Oberbegriffen zu.

Vorbereitung	Essen	Getränke	Spiele
______	______	______	______
______	______	______	______
______	______	______	______
______		______	
______			

Verstecken
Girlanden aufhängen
Kakao
Blindekuh
Verkleiden
Pommes
Limonade
Cola
einkaufen
Saft
Kuchen
Würstchen
Tisch decken

Mama hat heut' frei – 2 a

1. Lies noch mal Seite 4 bis 18.
   Kreuze an. Kreise die Lösungssilben ein.

Welche Dinge fehlen beim Frühstück?

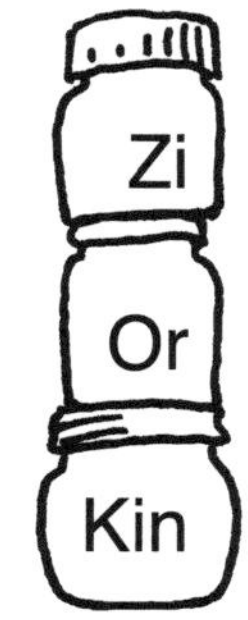

- ○ Müsli
- ○ Honig und Nutella
- ○ Kakao und Honig

Warum hat Mama kein Nutella gekauft?

- ○ Weil Nutella ungesund ist.
- ○ Weil Papa es aufgegessen hat.
- ○ Weil sie noch keine Zeit hatte.

Wann will Papa einkaufen gehen?

○ um acht Uhr 

○ um halb drei 

○ um zehn Uhr 

Wie viele Kinder kommen zu Anna zum Kindernachmittag?

○ fünf 

○ sechs 

○ vier 

Wo soll Papa Anna abholen?

- ○ vom Hallenbad
- ○ von der Schule
- ○ vom Kindernachmittag

2. Die Silben hinter den richtigen Antworten ergeben das Lösungswort.
   Papa findet, alles sei nur eine Frage der

   ______________________________.

Mama hat heut' frei – 2 b

1. In jedem Satz ist etwas falsch. Streiche es durch und schreibe den Satz richtig auf die Linie.

Seite 19 und 20: Papa versucht vergeblich, die Geschirrspülmaschine zu reparieren.

Seite 22: Papa kann im Supermarkt die Nutella nicht finden.

Seite 26: Papa kauft zwanzig Brezeln für den Kindernachmittag.

2. Ergänze.

Seite 27: Warum ist Anna wütend auf Papa?

Weil er ______ zum Hallenbad kommt.

Seite 29: Was gibt's schließlich zum Mittagessen?

Es gibt ______ mit ______.

Seite 32: Dass die Pommes nur noch lauwarm und schon ziemlich weich sind, macht Anna nichts aus, weil es dazu ______ gibt.

Mama hat heut' frei – 2 c

1. Finde die Wörter und trage sie ein.

Seite 33: Während Papa den Kindernachmittag vorbereitet,

liegt Mama auf dem ___[1] ___ ___ ___ .

Über den Tisch hat Papa eine ___ ___ ___ ___[5] ___ ___ ___ ___ gehängt.

Seite 34: Vom ___ ___ ___[2] ___[3] ___ ___ ___ ___ ___ holt Papa alte Kleider

für ein Verkleidungsspiel.

Seite 37 und 38: ___ ___ ___ ___[13] ___ isst insgesamt vier Berliner.

Danach wischt er seine Finger am

___ ___ ___ ___ ___ ___ ___[4] ___ ___ ab.

Seite 41: Die Kinder spielen als erstes ___[11] ___ ___ ___ ___ ___ ___ ___[7] ___ .

Seite 44: Da niemand anfangen will, spielt ___ ___[6] ___ ___ die Kuh.

Seite 47/48: Leider wischt er dabei ein ___[9] ___ ___ ___ vom Tisch

und schlägt sich den ___ ___ ___ ___[8] an der Tischkante an.

Seite 55/56: Zum Abendessen gehen die Schlagenhaufs zum

___ ___ ___[10] ___ ___ ___ ___ ___[12] ___ .

2. Das macht Anna, während Papa den Kindernachmittag vorbereitet:

___[1] ___[2] ___[3] ___[4] ___[5] ___[6] ___[7] ___[8] ___[9] ___[10] ___[11] ___[12] ___[13]

Mama hat heut' frei – 3 a

Als Anna im Bett ist, reden ihre Mama und ihr Papa über den heutigen Tag. Anna öffnet ihre Kinderzimmertür einen Spalt und lauscht. Papa redet gerade. Erzähle, was Anna hören kann. Denke an die Überschrift.

Falls du nicht weiter weißt, können dir die Wörter unten helfen:

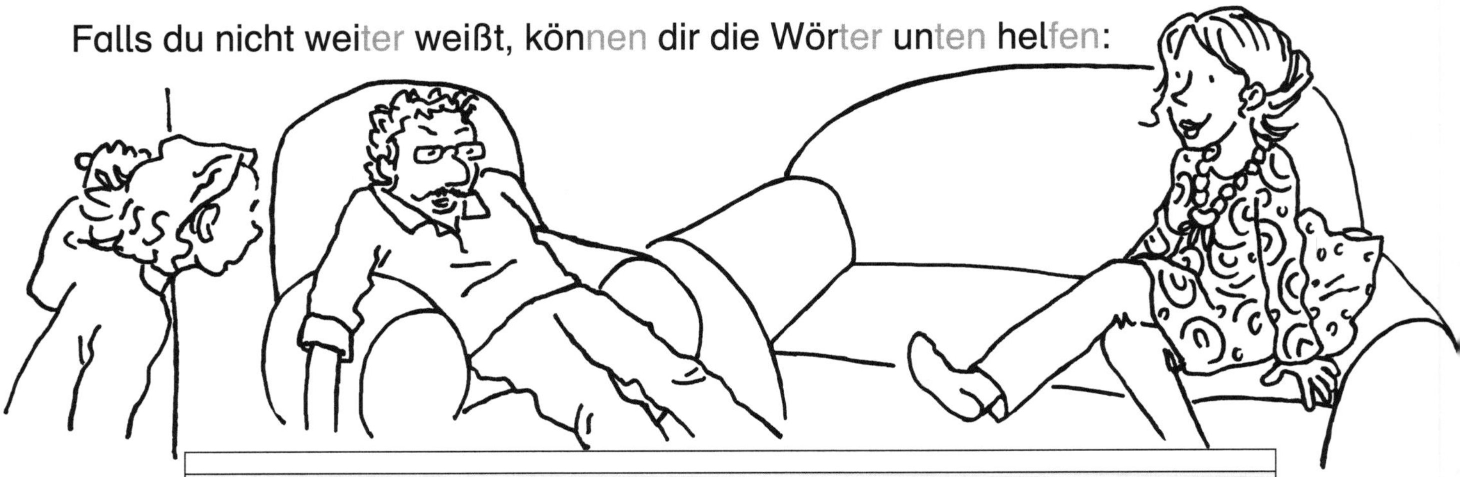

Kindernachmittag anstrengend

Organisation nicht einfach

tut mir leid

Einkaufen kostet Zeit

Mama hat heut' frei – 3 b

Du hattest bestimmt auch schon einmal einen tollen Kindernachmittag oder Kindergeburtstag. Erzähle. Die folgenden Fragen sollen dir helfen. Denke an die Überschrift.

Welche Spiele habt ihr gespielt?

Wie viele Kinder waren da?

Gab es Streit zwischen euch?

Was gab es zu essen?

  · Bestell-Nr. 1404-61

Pimpinella Meerprinzessin – 1

1. Schreibe die Wörter in die passende Spalte und streiche sie ab.

Nomen	Verben	Adjektive
Flosse	leuchten	gefährlich
Sandkorn	funkeln	neugierig
Schlafanzug	blubbern	ungeduldig

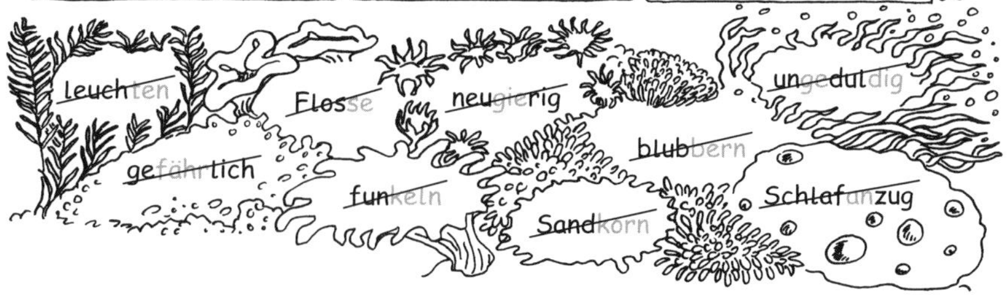

2. Die Wörter ergeben einen Satz. Schreibe ihn auf die Linie.
Denk an den Punkt am Satzende.

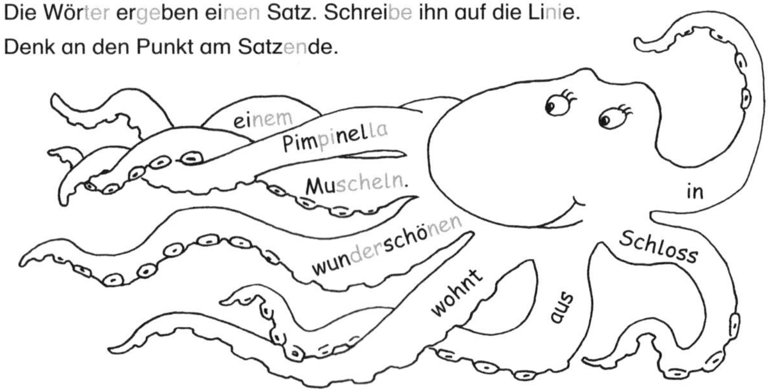

Pimpinella wohnt in einem wunderschönen
Schloss aus Muscheln.

  KV 1

Pimpinella Meerprinzessin – 2 a

1. Pimpinella wird in der Geschichte sehr gut beschrieben. Leider hat Thomas ein paar Tintenkleckse auf die Seite gekleckert. Finde die fehlenden Wörter.

Seite 5: Pimpinella wohnt mitten im Meer in einem wunderschönen Schloss, das aus Muscheln erbaut wurde.

Seite 6: Sie hat rote Locken und ihre Augen sind knallgrün.

Seite 12: Seit einer Woche geht Pimpinella in die erste Klasse.

Seite 14: Sie hat eine nagelneue Schultasche aus Fischhaut, die rosarot glänzt.

2. Finde die Namen der Tiere, die in der Geschichte vorkommen und schreibe sie unter das passende Bild.

Thomas

Pimpinella

Basi

D	L	T	N	O	M	R	E	E	O
H	A	H	O	C	I	D	T	F	E
H	I	O	S	E	A	K	U	E	B
P	I	M	P	I	N	E	L	L	A
S	G	A	L	T	O	T	E	F	S
T	R	S	R	R	S	V	H	E	I

Tule

KV 2

Pimpinella Meerprinzessin – 2 b

1. Richtig oder falsch? Kreuze an.

	richtig	falsch	
Manchmal verknotet sich Thomas und Pimpinella muss ihn entwirren.	⊗	○	AR
Der Korallenwald ist gefährlich und für Meermädchen verboten.	⊗	○	TEN
Die Schule ist ein ganzes Stück von Pimpinellas Zuhause entfernt.	○	⊗	WAS
Pimpinella versteht alles, was die Punktfische blubbern.	○	⊗	SER
Pimpinella und Tule schwimmen in den Korallenwald.	⊗	○	ME
Tule findet, dass Pimpinella tapfer ist.	⊗	○	TIN
Pimpinella und Tule werden Freunde.	⊗	○	FISCH

2. Die Silben hinter den richtigen Sätzen ergeben in der richtigen Reihenfolge das Lösungswort:

Tintenfischarme

3. Seite 33: Wie heißt dieser Fisch?

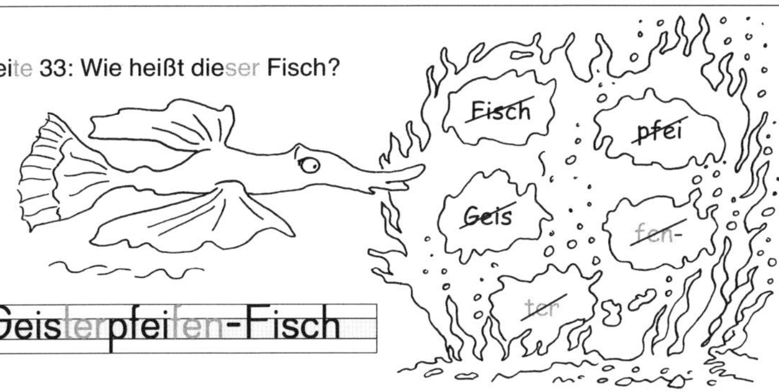

Geisterpfeifen-Fisch

Pimpinella Meerprinzessin – 2 c

1. Zu den Bildern gehören lauter Meereswörter. Schreibe sie in die Kästchen.

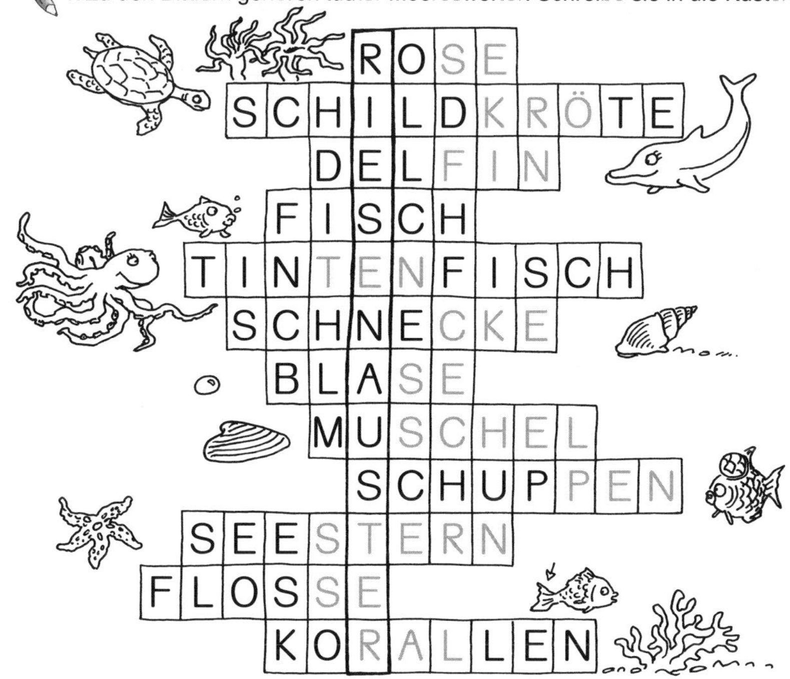

2. Die umrandeten Kästchen ergeben das Lösungswort.

Pimpinella versteckt sich in einer

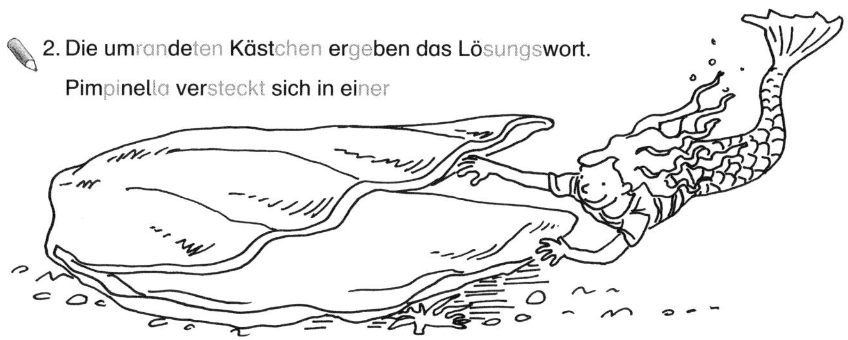

Riesenauster.

Monstergeschichten – 1 a

1. Trage die richtige Verbform in die Spalten ein.

keuchen		rülpsen		brüllen	
ich	keuche	ich	rülpse	ich	brülle
du	keuchst	du	rülpst	du	brüllst
er	keucht	er	rülpst	er	brüllt

2. Das ist das Monster Schlumpi.

a) Suche aus den folgenden Adjektiven die heraus, die zu ihm passen. Kreise sie ein.

traurig
flauschig
zottelig
einäugig
schleimig
freundlich
wütend
dick
dünn
mehrarmig
hässlich
barfüßig

individuelle Lösung

b) Male Schlumpi an und beschreibe es dann. Was hat es in der Hand? Male.

Schlumpis Fell hat die Farbe ________, seine Hose ist ________, in der Hand hat er ________.

Monstergeschichten – 1 b

1. Bei Pauls Hausaufgaben war das Fehlermonster am Werk. Finde die acht Fehler in dem Text. Kreise die falsch geschriebenen Wörter ein und schreibe die Wörter richtig auf.

Das Monster im Kinderzimmer

Als ich im Bett lag bemerkte ich, dass sich der (Forhang) in meinem (zimmer) seltsam bewegte. Ich lauschte und konnte ein merkwürdiges (Gereusch) (höhren). Es klang wie Schnarchen. Ich (riß) die Augen auf. Es war zwar dunkel, aber ich konnte es (gans) klar (erkenen). Ein Monster war in meinem Zimmer! Ich fragte mich, ob ich schreien soll, überlegte es mir dann aber anders. (Plözlich) …

Vorhang	riss
Zimmer	ganz
Geräusch	erkennen
hören	plötzlich

2. Die Monster haben in Jules Kinderzimmer alles durcheinandergebracht. Ergänze die richtigen Verhältniswörter (Präpositionen) und streiche sie ab.

Der Schulranzen steht auf dem Schreibtisch.

Die Tastatur liegt unter dem Schuh.

Der Roller steht hinter dem Kleiderschrank.

Der Stift liegt vor der Maus.

Ihr Stuhl steht neben dem Schrank.

Lösungen

Monstergeschichten: Monster-Arten und Der Monster-Fänger – 2 a

1. a) Auf den Seiten 4 und 5 werden Monster beschrieben.
   Verbinde die passenden Wörter.

groß
klein
dick
lang
dünn

(Zähne – groß, Mähnen – lang, Bäuche – dick)

b) Seite 4 und 5: Welche Aussagen über die Monster sind richtig?
   Kreuze an. Kreise die Lösungssilben ein.

- ☒ Manche Monster sind groß wie ein Haus.
- ☒ Manche Monster grunzen.
- ○ Manche Monster sind so klein wie Ameisen.
- ○ Manche Monster haben Läuse.
- ☒ Alle Monster mögen Krach.
- ○ Manche Monster sind schwach.
- ☒ Manche Monster brüllen.

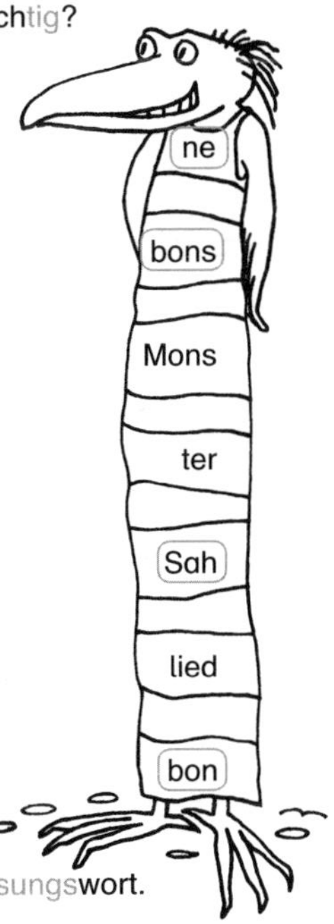

c) Die Silben hinter den richtigen Antworten ergeben ein Lösungswort.

Alle Monster lieben Sahnebonbons.

Monstergeschichten: Monster-Arten und Der Monster-Fänger – 2 b

1. In jedem Satz ist ein Wort falsch. Streiche es durch.
2. Schreibe die Sätze richtig.

a) Moritz will die Monster mit einer ~~Falle~~ fangen.

Moritz will die Monster mit einer Lanze fangen.

b) Im Wald will Moritz warten, bis es ~~Tag~~ wird.

Im Wald will Moritz warten, bis es Nacht wird.

c) Er setzt sich auf einen ~~Baumstamm~~ und wartet.

Er setzt sich auf einen Stein und wartet.

d) Leider sieht er nichts, weil er seine ~~Brille~~ vergessen hat.

Leider sieht er nichts, weil er seine Taschenlampe vergessen hat.

e) Im Wald findet Moritz ~~viele~~ Monster.

Im Wald findet Moritz keine Monster.

Monstergeschichten: Monster-Hobby und Das Monster im Bad – 2 a

1. Kreuze die jeweils richtige Antwort an.
   Kreise die dazugehörige Lösungssilbe ein.

Seite 16: Wo wohnt das Monster?

- ◯ in der Toilette
- ⊗ im Abfluss in der Küche
- ⊗ im Abfluss im Bad

Außerdem kann Paul

- ◯ den Geruch von Ketchup
- ◯ den Geruch von Shampoo
- ⊗ einen ekelhaften Gestank wahrnehmen.

Seite 16: Welche Geräusche kann Paul hören?

- ◯ rülpsen und keuchen
- ⊗ glucksen und rülpsen
- ◯ schmatzen und glucksen

Seite 18: Wann klettert das Monster aus dem Abfluss?

- ◯ am Mittwoch
- ⊗ am Dienstagnachmittag gegen fünf Uhr
- ◯ am Dienstagnachmittag gegen vier Uhr

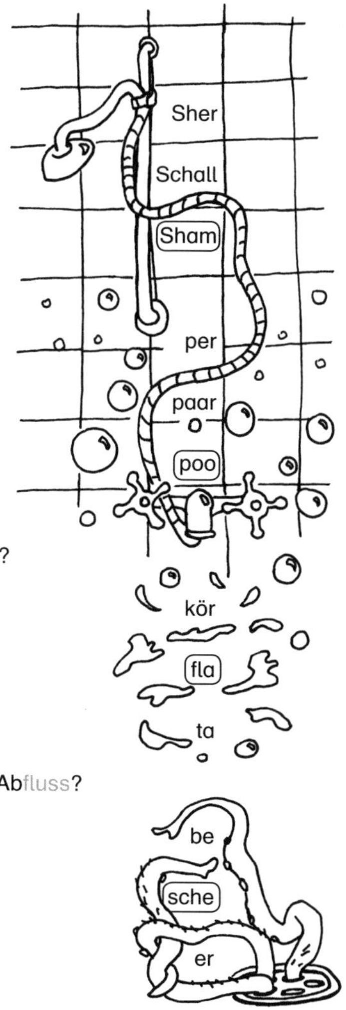

2. Die Silben ergeben in der richtigen Reihenfolge das Lösungswort:
   Das Monster trinkt immer die Shampooflasche leer.

Monstergeschichten: Monster-Hobby und Das Monster im Bad – 2 b

1. Seite 19: Wie sieht das Monster aus? Streiche die Silben ab.
   Es ist grün, glitschig und hat Fangarme.

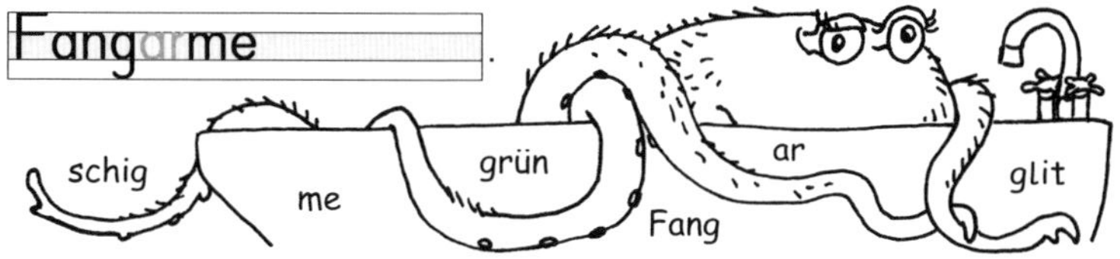

2. Seite 21: Was denkt Mama, warum die Flasche immer leer ist?
   Sie denkt, dass Paul immer so viel verbrauchen würde.

3. Seite 23: Zwei Wörter sind falsch. Streiche sie durch und schreibe die zwei Wörter richtig auf.
   Paul füllt Bratensoße in die leere Shampooflasche und stellt sie zurück auf den Toilettenrand.
   Ketchup, Badewannenrand

4. Seite 26/27: Am Donnerstag kommt das Monster wieder. Was passiert, als es die Shampooflasche leer trinkt? Streiche die Silben ab.
   Es läuft knallrot an und brüllt: Blääääää! Dann lässt es die Flasche fallen und verschwindet.

Monstergeschichten: Monster-Lehrerin und Monster-Abschied – 2

1. Kannst du dich an die ganze Geschichte erinnern? Verbinde die Satzteile miteinander, sodass eine kurze Nacherzählung entsteht.

Als Jule im Klassenraum sitzt,	und stinkt nach Müll.
Es hat ein lila Fell, spitze Zähne	die ihre Hausaufgaben vergessen haben.
Es sucht nach Kindern,	sie hat das alles wohl nur geträumt!
Da erschrickt Jule sehr,	kommt ein zottiges Monster zur Tür herein.
Plötzlich wacht Jule auf,	traut Jule ihren Augen nicht:
Trotzdem macht sie beim Frühstück	noch schnell die Matheaufgaben.
Später in der Schule	denn sie hat keine Matheaufgaben gemacht.
Ihre Lehrerin trägt	einen zottigen lila Pullover.
Gott sei Dank	hat Jule ihre Hausaufgaben gemacht!

2. Schreibe die verbundenen Satzteile aus Aufgabe 1 in der richtigen Reihenfolge in dein Heft.

Der mutigste Ritter der Welt – 1

1. a) Hilf dem Ritter, die Prinzessin aus der Höhle zu befreien. Die Verben zeigen den richtigen Weg.

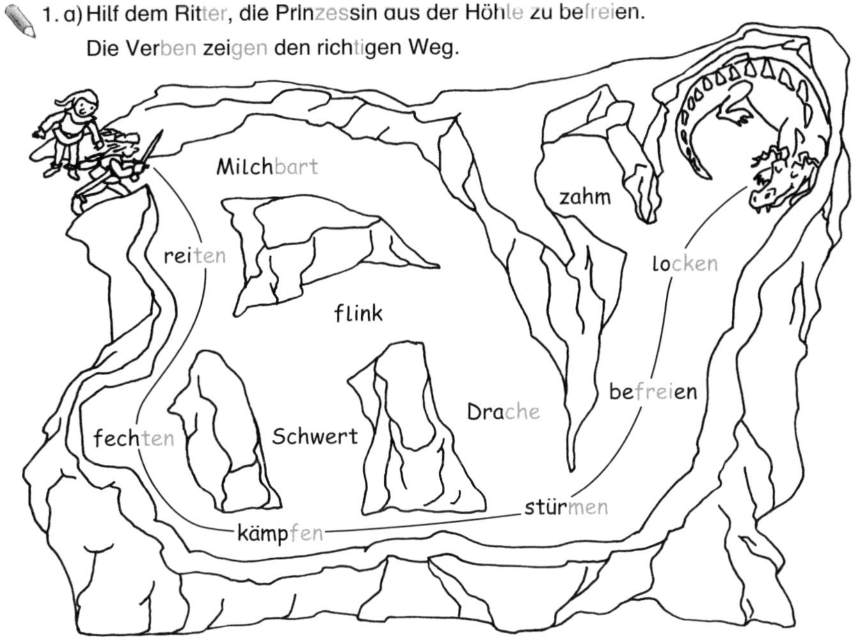

b) Schreibe die Verben geordnet nach dem Abc auf.

befreien, fechten, kämpfen, locken, reiten,
stürmen

2. Die Wörter sind durcheinandergeraten. Schreibe den Satz richtig.

glücklich ans Ende bis Sie Tage. Und ihrer lebten

Und sie lebten glücklich bis ans Ende ihrer Tage.

Der mutigste Ritter der Welt – 2 a

1. Seite 5 und 6: Wie heißen Ritter Schlaubarts Söhne?
   Beachte die Reihenfolge und beginne mit dem Ältesten.

Eisbart, Rotbart, Goldbart, Milchbart

2. Wer sagt das?

Seite 11: „Wir machen eine Kuchenschlacht! Und ich lasse eine Sandburg bauen. Die kannst du stürmen! Einverstanden?“

Ritter Schlaubart

Seite 13: „Zu Hilfe! Die Prinzessin wurde entführt!“

ein Bote

Seite 17: „Ein schrecklicher Drache hat meine arme Tochter in seine Höhle verschleppt.“

der König

Seite 26: „Wir könnten ein Feuer anzünden und ihn ausräuchern.“

Ritter Rotbart

Seite 37: „Aber warum hast du uns alle an der Nase herumgeführt?“

Milchbart

3. Wie heißen …

a) die Prinzessin?

b) der Drache?

Der mutigste Ritter der Welt – 2 b

1. Finde die Wörter und trage sie ein.

Seite 8: Mit der L a n z e ist Milchbart sehr geschickt.

Seite 8: Außerdem kann er reiten und f e c h t e n.

Seite 15: Milchbart nimmt Schwert, Schild und einen Beutel P r o v i a n t mit.

Seite 21: Am Fuße des F e u e r b e r g s liegt die Höhle des Drachen.

Seite 28: M i l c h b a r t hatte die Idee mit dem Brathuhn.

Seite 31: Milchbart und der K n a p p e gehen als einzige in die Höhle.

Seite 35: Milchbart traut seinen Augen nicht:
Der Knappe ist ein M ä d c h e n.

Seite 36: Und dieses Mädchen ist niemand anders als die P r i n z e s s i n.

Seite 39: Milchbart ist jetzt nicht nur der mutigste Ritter der Welt, sondern auch der G l ü c k l i c h s t e.

2. Die markierten Buchstaben in den Wörtern ergeben das Lösungswort.
   Dieses Geräusch kann ein Drachen machen:

s c h n a u b e n
(1 2 3 4 5 6 7 8 9)

Der mutigste Ritter der Welt – 2 c

1. Zu den Bildern gehören lauter Ritterwörter. Schreibe sie in die Kästchen.

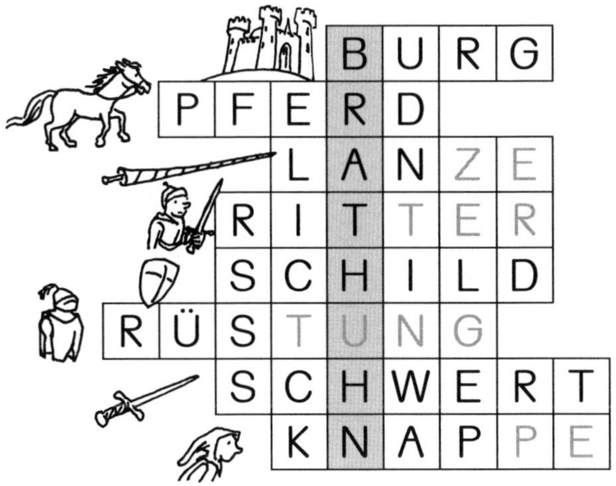

2. Die markierten Kästchen ergeben das Lösungswort.

Milchbart lockt den Drachen mit einem **Brathuhn** aus seiner Höhle.

3. Was bedeuten diese Begriffe? Verbinde.

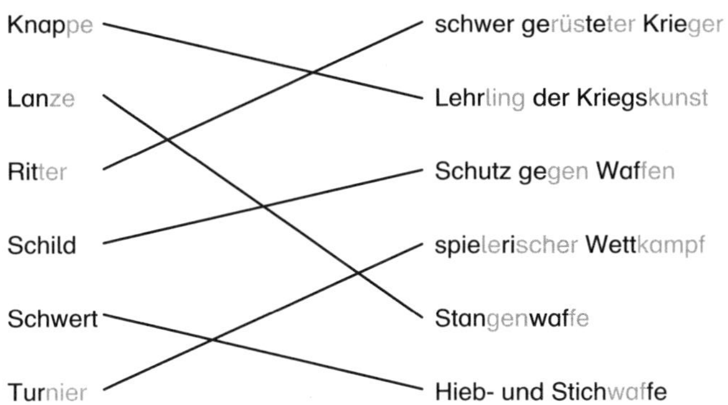

Nixengeschichten – 1 a

1. Ergänze die fehlenden Selbstlaute.

2. Markiere die Gegensatzpaare und schreibe sie auf.

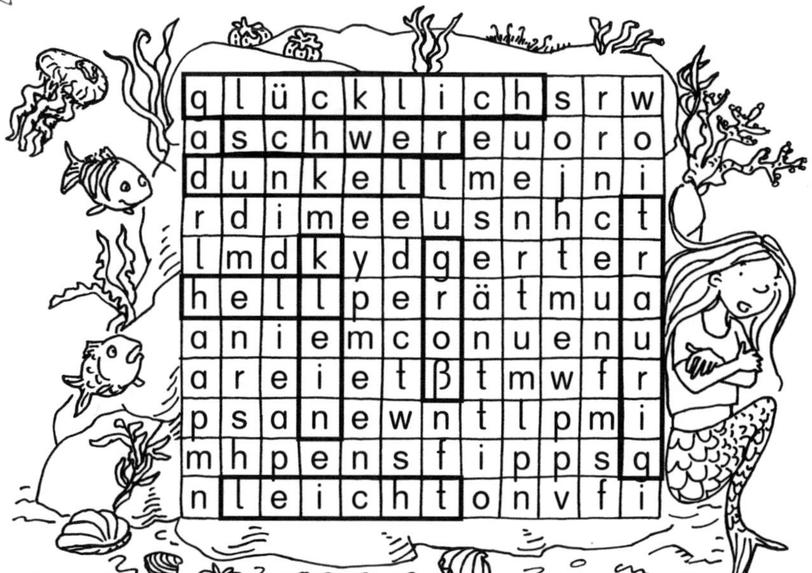

g	l	ü	c	k	l	i	c	h	s	r	w
a	s	c	h	w	e	r	e	u	o	r	o
d	u	n	k	e	l	l	m	e	j	n	i
r	d	i	m	e	e	u	s	n	h	c	t
l	m	d	k	y	d	g	e	r	t	e	r
h	e	l	l	p	e	r	ä	t	m	u	a
a	n	i	e	m	c	o	n	u	e	n	u
a	r	e	i	e	t	ß	t	m	w	f	r
p	s	a	n	e	w	n	t	l	p	m	i
m	h	p	e	n	s	f	i	p	p	s	g
n	l	e	i	c	h	t	o	n	v	f	i

traurig — glücklich

schwer — leicht

klein — groß

hell — dunkel

Nixengeschichten – 1 b

3. Schreibe die Sätze in der Einzahl.

a) Die Boote treiben dahin.

Das Boot treibt dahin.

b) Die Kinder sind unvorsichtig.

Das Kind ist unvorsichtig.

c) Die Nixen tanzen Ballett.

Die Nixe tanzt Ballett.

d) Die Fischer sind wütend.

Der Fischer ist wütend.

e) Die Nixen haben einen Fischschwanz.

Die Nixe hat einen Fischschwanz.

4. Bilde fünf zusammengesetzte Nomen.

Schuppenkleid, Algensalat, Taschenkrebs,

Schlauchboot, Seepferdchen

Nixengeschichten: In Seenot – 2

1. Vervollständige den Text.

Pia möchte heute ihr neues  Schlauchboot ausprobieren.

Ihr Bruder Jannis ist auch dabei. Die beiden paddeln los. Bald lässt Pias

Bruder die 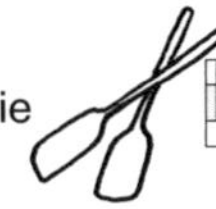 Ruder sinken und sie lassen das Boot

treiben. Plötzlich spüren die Geschwister einen Stoß. Zuerst denken sie, es

ist ein  Hai. Tatsächlich aber schaut ein

 Mädchen über den Bootsrand. Es will die beiden zurück

ans Ufer bringen, denn sie sind viel zu weit draußen. Jannis ist sehr erstaunt,

denn das Mädchen hat grüne  Haare. Dass es auch

einen  Fischschwanz hat, bemerkt nur Pia.

2. Richtig oder falsch? Kreuze an.

	richtig	falsch	
Pia hat Ferien.	⊗	○	we
Jannis hat das Boot aufgepumpt.	○	⊗	Ni
Papa warnt die Kinder, nicht zu weit hinauszupaddeln.	⊗	○	Mö
Das Mädchen schleppt Pia und Jannis ab.	○	⊗	xe

3. Die Silben hinter den richtigen Antworten ergeben ein Lösungswort:

Eine Möwe lebt am Wasser.

Nixengeschichten: Das schönste Schuppenkleid – 2

⊗ 1. Kreuze an.

Seite 16: Warum ist die kleine Nixe Mirja traurig?

- ◯ Weil es Algensalat zu essen gibt.
- ◯ Weil sie mit Toto gestritten hat.
- ⊗ Weil sie beim Nixenballett nicht mitmachen darf.

Seite 16: Sie darf deshalb nicht mitmachen, weil

- ◯ sie noch zu klein ist.
- ⊗ ihre Schuppen nicht schön genug glitzern.
- ◯ sie nicht tanzen kann.

Seite 21: Am Ende ist sie doch mit Erfolg dabei, weil

- ⊗ ein Schwarm Leuchtfische ihr Schuppenkleid wunderschön glitzern lässt.
- ◯ sie die Lehrerin dazu überredet hat.
- ◯ sie sich neue Schuppen gekauft hat.

2. Die Silben bei den richtigen Antworten ergeben das Lösungswort.

Toto ist ein Taschenkrebs.

3. Toto hat das alles eingefädelt. Wie bedankt sich Mirja bei ihm?

Falls du die Lösung nicht weißt, lies noch mal auf Seite 23 nach.

Sie gibt ihm einen gaaanz dicken Kuss.

Nixengeschichten: Ein seltsamer Fang – 2

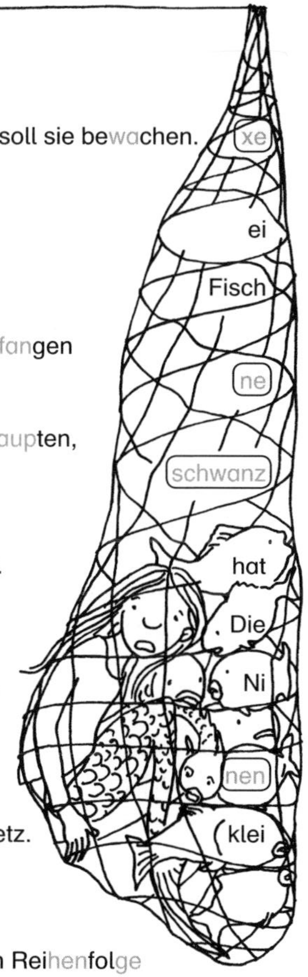

1. Hier ist etwas durcheinandergeraten.
Nummeriere die Sätze in der richtigen Reihenfolge.

⑤ Trotzdem wird sie in ein Fass gesteckt und Arne soll sie bewachen.

⑦ Sie bedankt sich tausendfach bei Arne.

⑨ Aber der alte Seebär Knut schimpft gar nicht.

③ Die anderen Fischer wollen sie in einem Fass gefangen halten und Geld mit ihr verdienen.

⑩ Arne soll allerdings den anderen gegenüber behaupten, die Nixe wäre über Bord gespült worden.

⑥ Arne hört die kleine Nixe weinen. Er bekommt Mitleid und wirft sie zurück ins Meer.

① Arne ist ein Schiffsjunge.

④ Die kleine Nixe ist damit gar nicht einverstanden.

⑧ Arne denkt nun, dass er bestraft wird, weil er die Nixe freigelassen hat.

② Eines Tages befindet sich eine Nixe in seinem Netz.

2. Die Silben hinter den Sätzen ergeben in der richtigen Reihenfolge einen Lösungssatz. Schreibe ihn auf.

Die kleine Nixe hat einen Fischschwanz.

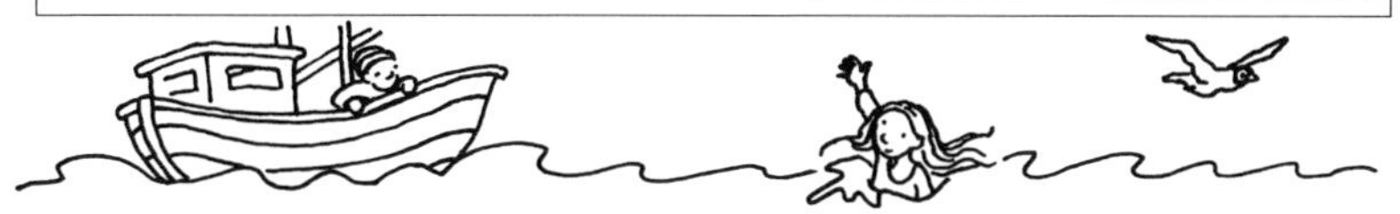

Nixengeschichten: Die Riesen-Perle – 2 a

1. Ergänze.

① Die beiden Nixen heißen Susa und Nelli.

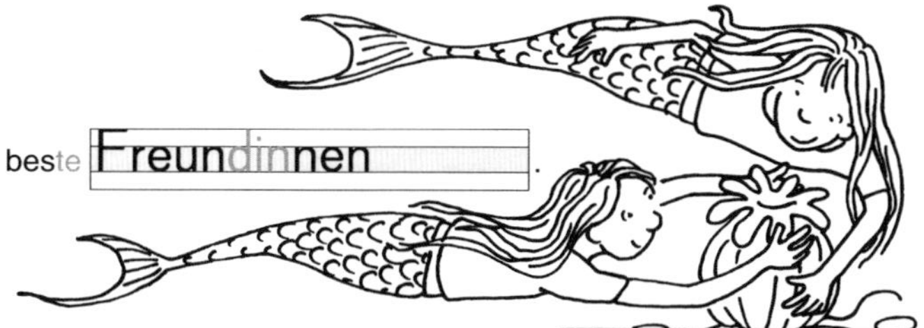

② Sie sind beste Freundinnen.

③ Jeden Tag spielen sie Verstecken zwischen den Korallen.

④ Eines Tages finden sie eine Riesen-Perle in einer Muschel.

⑤ Die Farbe der Perle ist rosa.

⑥ Titus ist ein Tintenfisch.

⑦ Titus behauptet, er habe wegen einem Hai

Farbe verspritzt.

⑧ Titus versteckt die Perle in seiner Felsspalte.

Nixengeschichten: Die Riesen-Perle – 2 b

1. Trage die Wörter von KV 37 ein.

2. Die Buchstaben in den fetten Kästchen ergeben das Lösungswort.

Die Arme eines Tintenfischs nennt man Tentakel.

1 2 3 4 5 6 7 8

Baumhausgeschichten – 1 a

1. Das sind alles Dinge, die man für den Bau eines Baumhauses gut brauchen kann.

a) Schreibe die Wörter unter die Bilder. Streiche die Silben ab.

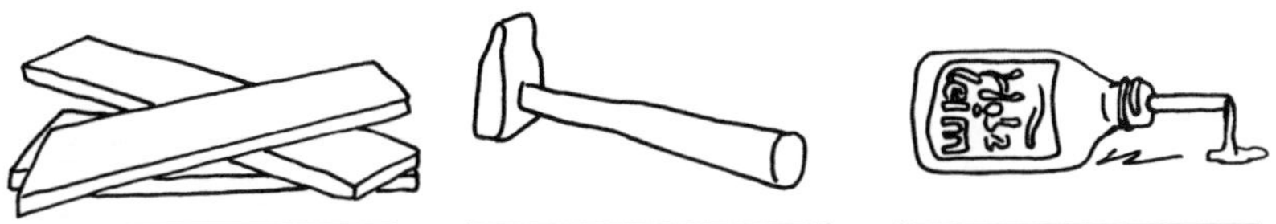

Bretter | Hammer | Leim

Leiter | Nägel | Seile

b) Schreibe die Wörter in die passende Spalte und streiche sie ab.

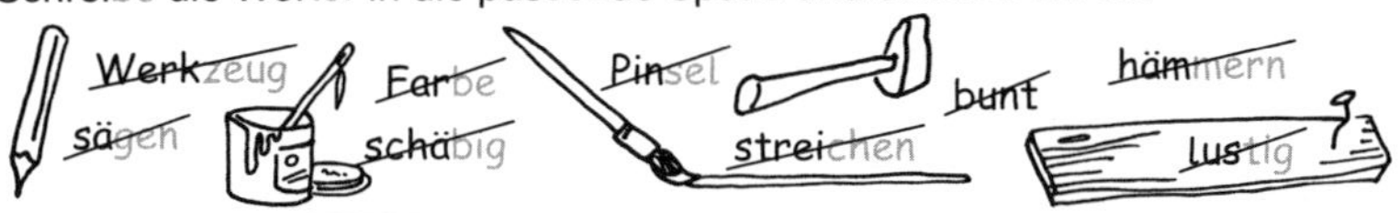

Nomen	Verben	Adjektive
Werkzeug	sägen	schäbig
Farbe	streichen	bunt
Pinsel	hämmern	lustig

Baumhausgeschichten – 1 b

1. Die Kinder auf der Sommerfreizeit bauen ein Baumhaus.
Verbinde die richtigen Satzteile.

Jan	befestigen	die Leiter.
Herr Fenn	sichern	die Bretter.
Hannah	mischen	das Dach.
Leo	sägen	die Nägel.
Marie	sortieren	die Farbe.

2. Schreibe die Sätze aus Aufgabe 1 richtig auf.
Beachte die richtige er-Form.

Jan mischt die Farbe.

Herr Fenn sägt die Bretter.

Hanna sortiert die Nägel.

Leo befestigt das Dach.

Marie sichert die Leiter.

Baumhausgeschichten: Die Geburtstagsbretter – 2

⊗ 1. Seite 5: Wie alt wird Basti heute?

○ sechs Jahre ⊗ sieben Jahre ○ acht Jahre

⊗ 2. Seite 11: Warum ist Basti enttäuscht?

○ Weil niemand zu seiner Geburtstagsfeier kommt.

○ Weil sein Geburtstagskuchen verbrannt ist.

⊗ Weil er so viele Holzbretter bekommt.

3. Seite 13: Was liegt neben der Eiche?
Markiere die fünf Wörter im Suchsel und schreibe sie auf.

O	L	T	Ä	F	S	C	K
W	E	R	K	Z	E	U	G
I	I	S	I	A	I	R	T
L	T	R	D	N	L	Ü	B
E	E	N	Ä	G	E	L	E
B	R	E	T	T	E	R	L

Seile

Nägel

Leiter

Werkzeug

Bretter

4. Was sagt Basti, nachdem das Baumhaus fertig ist?

Seite 15: Es ist das allerschönste Geschenk!

5. Wo findet das Geburtstagsessen statt?

Seite 15: Es findet in der Baumkrone statt.

Baumhausgeschichten: Der Baumhauszauber – 2

1. Hier ist etwas durcheinandergeraten.
Nummeriere die Sätze in der richtigen Reihenfolge.

(2) Aber es braucht dringend einen neuen Anstrich.

(4) Mama und Papa wollen das Geld nicht zahlen, also müssen sich die Kinder etwas einfallen lassen.

(9) Endlich ist das Baumhaus wunderschön bunt!

(8) Nun haben sie genügend Geld beisammen und können die Farben kaufen.

(6) Am nächsten Tag zeigt Mick im Baumhaus-Kino eine DVD und bekommt dafür Geld von den Eltern.

(1) Mara und Mick haben ein tolles Baumhaus.

(7) Einen Tag später geben Mick und Mara eine Vorstellung mit selbst gebastelten Figuren: das Baumhaus-Kasperle.

(5) Mick hat eine Idee. Am nächsten Tag gibt Mara im Baumhaus eine Vorlesestunde für die Eltern – gegen Bezahlung natürlich.

(3) Doch leider kosten die Farben sehr viel und das Taschengeld der beiden reicht nicht.

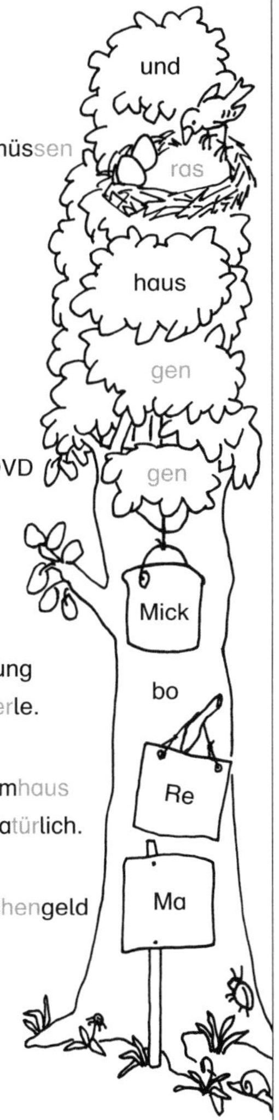

2. Die Silben hinter den Sätzen ergeben in der richtigen Reihenfolge eine andere Überschrift für die Geschichte:

Mick und Maras Regenbogenhaus

Baumhausgeschichten: Das Birkenhaus – 2

1. Vervollständige den Text.

Mitten auf dem Feld vor dem Bauernhaus steht eine hohe Birke.

Sie hat drei Stämme. Der Bauer muss beim Pflügen mit seinem Traktor jedes Mal um den Baum herumfahren. Das ärgert ihn. Der Mäusebussard und der Feldhase freuen sich über den Baum.

Die Kinder Ole und Madita auch. Sie haben aus Brettern eine Bank gebaut und in der Birke befestigt. Als der Bauer eines Tages mit seinem Traktor zu nahe an der Birke vorbeifährt, bekommt die Frontscheibe einen Riss.

Nun will der Bauer den Baum mit einer Kettensäge absägen. Ole und Madita sind entsetzt. In der folgenden Nacht bauen sie ein Dach und Seitenwände an die Baumbank. Davor hängen sie ein Schild.

2. Was steht auf dem Schild?

Seite 38:

Das ist unser Birkenhaus.

Kaputt machen verboten! Ole & Madita

Das Hexeninternat – 1

1. Im Hexen-Benimm-Kurs sagt Maya den Hexenmädchen, was sie tun sollen. Schreibe die Aufforderungssätze. Denke an das Wort „bitte“ und das Ausrufezeichen.

Hängt bitte eure Klamotten auf!

Macht bitte eure Betten!

Kämmt bitte eure Haare!

Duscht bitte täglich!

Lernt bitte das Einmaleins!

2. Bilde aus den einzelnen Wörtern vier zusammengesetzte Nomen.

Kessel Mauer Hexen Zauber Buch Besen Burg Stiel

Hexenkessel

Besenstiel

Burgmauer

Zauberbuch

Das Hexeninternat – 2 a

Beantworte die Fragen oder kreuze die richtige Antwort an.

1. Seite 6: Worin unterscheidet sich die Aula des Hexeninternats von einer normalen Aula?

   Aus der Klimaanlage quillt

   stinkender Schwefeldampf.

2. Seite 7: Welche vier Dinge verbietet Frau Bitterwurz den Hexenmädchen, wenn die Jungs zum Schüleraustausch kommen?

   ☒ popeln ☐ putzen ☒ rülpsen
   ☒ hexen ☒ Besenreiten ☐ lesen

3. Seite 22 und 23: An welchen Aussagen von Cosimo und Lorenz kann man schon ahnen, dass die Jungs keine normalen Jungs sind?

   Cosimo: Wie ein Zauberschloss.

   Lorenz: Geht's dort zum Kerker?

   Cosimo: Cooler Startplatz!

4. Seite 24 und 25:
   Während der Schulstunde passieren zwei seltsame Dinge:

   Die Zahlen an der Tafel tanzen und

   jemand zaubert Wind in den Klassenraum.

Das Hexeninternat – 2 b

1. Immer zwei Sätze bedeuten das Gleiche. Verbinde.

Sie schweigt wie ein Grab.	Alles klappt ohne Probleme.
Maya kann keiner Fliege etwas zuleide tun.	Die zwei beobachten heimlich etwas.
Es läuft alles wie am Schnürchen.	Sie erzählt niemandem davon.
Maya ist außer sich.	Maya regt sich furchtbar auf.
Die zwei legen sich auf die Lauer.	Maya möchte niemandem etwas Böses tun.

2. Ergänze.

   Seite 34: Wie lautet der Zauberspruch von Lorenz und Cosimo zum Besenreiten?

   Abrakadabra, Besenstiel, heb dich in die Luft und sei mobil.

   Seite 35: Und mit welchem Zauberspruch bringt Maya die Jungs wieder zurück?

   Hokuspokus, Besen schnell, kommt zurück jetzt auf der Stell!

Das Hexeninternat – 2 c

1. Ergänze.

① So heißt das Hexeninternat: Burg Kadabra

② So heißt die Rektorin des Internats: Frau Bitterwurz

③ Was machen Hexenmädchen? In die Ecke spucken und

④ in der Nase popeln.

⑤ Wenn die Rektorin um Aufmerksamkeit bittet, klopft sie gegen einen Totenschädel.

⑥ So heißt der Junge mit der Warze: Cosimo

⑦ Zu ihrem Entsetzen findet Maya auf dem Turm Borsten von einem Flugbesen.

⑧ Hexenmädchen schwören bei Krötendreck und Schleimfleck.

⑨ Damit kann man laut Regel 367 des Zauberbuches jede verschlossene Tür öffnen: Feuerschlüssel

⑩ Cosimo und Lorenz sind keine normalen Jungs, sondern Zauberer.

62 Textverständnis © Mildenberger Verlag · Bestell-Nr. 1404-61 KV 55

Das Hexeninternat – 2 d

1. Trage die Wörter von KV 55 ein.

2. Trage das Lösungswort ein.

Das sagen die Hexenmädchen vor dem Mittagessen:

1	2	3	4		5	6	7	8	9	10	11	
G	U	T	E	N	A	P	P	E	T	I	T	!

KV 56 © Mildenberger Verlag · Bestell-Nr. 1404-61 Textverständnis 63

Fußballgeschichten – 1 a

1. Von jeweils vier Wörtern passt ein Wort nicht. Markiere es. Die Anfangsbuchstaben der markierten Wörter ergeben in der richtigen Reihenfolge das Lösungswort.

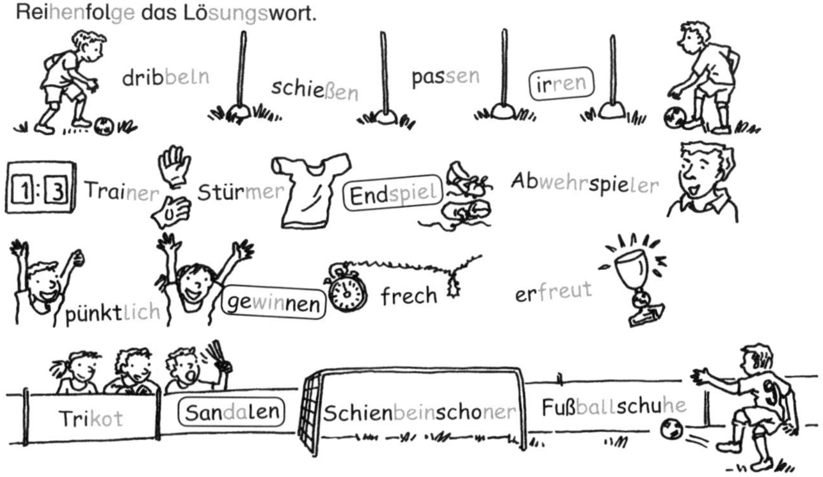

Darüber freut sich eine Mannschaft nach einem Turnier besonders:

Sieg

2. Schreibe auf, was die Kinder machen. Bilde Sätze in der ich-Form.

William: die Tore schießen

Ich schieße die Tore.

Theo: den Ball nach vorne spielen

Ich spiele den Ball nach vorne.

Joschi: die goldene Torwand gewinnen

Ich gewinne die goldene Torwand.

Lisa: die Mannschaft aufs Feld begleiten

Ich begleite die Mannschaft aufs Feld.

Fußballgeschichten – 1 b

1. Hier sind die Wörter durcheinandergeraten. Schreibe die Sätze richtig. Tipp: Schreibe den Satzanfang groß und setze am Satzende einen Punkt.

Zwillinge die der von Schule Frau Keller ab holt

Frau Keller holt die Zwillinge von der Schule ab.

prallt ins Ball Tor der unaufhaltsam eigene

Der Ball prallt unaufhaltsam ins eigene Tor.

2. Leo schreibt seinem Freund eine SMS aus der Fußballfreizeit. An einigen Stellen ist er sich nicht sicher, wie die Wörter richtig geschrieben werden. Hilf ihm und fülle die Lücken.

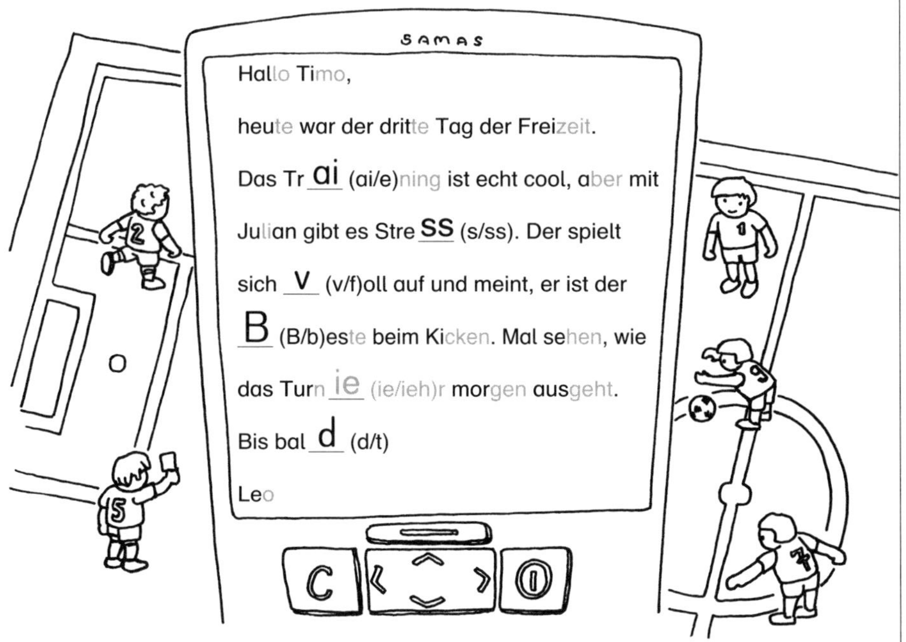

Fußballgeschichten: William kommt – 2

Ergänze oder kreuze an.

1. Seite 6: Wie stellt der Trainer William, Nadja und Theo für das Spiel auf?

Theo spielt hinten, Nadja außen.

William spielt vorne und schießt die Tore.

2. Aus welchem Grund macht der Trainer das?

- ◯ Weil Theo im letzten Spiel ein Eigentor geschossen hat.
- ☒ Weil William hervorragend spielt.
- ◯ Weil William kaum Deutsch kann und der Trainer nett sein will.

3. Seite 7: Warum ist Theo darüber verärgert?

Bisher spielte er vorne und Nadja gab ihm die Pässe.

4. Fülle die Lücken aus. Die Wörter unten helfen dir.

Anfangs spielt Nadja William nicht an und Theo ignoriert ihn. Trotzdem schießt William das 1:0. Durch ein Eigentor steht es zur Halbzeit 1:1. Dann reißt Theo sich zusammen und spielt William an. Es steht 2:1. Nadja passt den Ball zu William, der schießt 3:1. Am Ende gewinnen sie sogar 4:1.

Theo · 4:1 · Eigentor · Nadja · 3:1 · William · 1:0 · den Ball

Fußballgeschichten: Die doofe Frau Keller – 2

1. Vervollständige den Text.

Frau Keller soll heute die Zwillinge Kai und Jakob von der Schule abholen, weil ihre Mutter zum Zahnarzt muss. Die beiden mögen Frau Keller nicht. Sie finden, dass sie wie eine Wäschetonne aussieht. Sie machen üble Witze über sie und Jakob malt ein böses Bild. Doch dann schlägt Frau Keller vor, Fußball zu spielen. Zum Erstaunen der Jungs kann sie Kunststücke und den Ball geschickt mit der Hacke stoppen. Die drei spielen um ein Eis. Die Jungs gewinnen zwar, aber auch nur, weil Frau Keller die Puste ausgeht.

2. Warum kann Frau Keller so geschickt mit dem Ball umgehen?

Seite 22: Sie hat vor zwei Jahren die 2. Frauenmannschaft trainiert.

Fußballgeschichten: Die goldene Torwand – 2

1. Kannst du dich an die Geschichte erinnern?
Verbinde die Satzteile miteinander, sodass eine kurze Nacherzählung entsteht.

1. Joschi ist heute mit seinem Freund Iken	die goldene Torwand gewinnen.
2. Er möchte	spielt im Verein und ärgert Joschi andauernd.
3. Aber sein Rivale Leon	auf dem Sportfest.
4. Leon ist ein Jahr älter,	da er sich von Leon durcheinanderbringen lässt.
5. Als Joschi gegen Leon antreten muss,	macht auch mit.
6. Joschi verschießt die Bälle,	stichelt Leon und verspottet ihn.
7. Aber dann stopft er sich Ohrenstöpsel in die Ohren,	während Leon zwei verschießt.
8. Joschi trifft alle drei Bälle,	Joschi und Leon ärgert sich.
9. Am Ende gewinnt	sodass er Leon nicht mehr hören kann.

2. Schreibe die verbundenen Satzteile aus Aufgabe 1 in der richtigen Reihenfolge in dein Heft.

Fußballgeschichten: Lisa, der Fußballstar – 2

1. Kreuze an. Kreise die Lösungssilben ein.

a) Seite 33: Lisa hat ein Ticket für das Endspiel im DFB-Pokal, weil

- ◯ sie es bei einem Preisausschreiben gewonnen hat.
- ◯ ihre Mutter sie überraschen wollte.
- ⊗ ihre Mannschaft das Turnier gewonnen hat.

b) Seite 36: Das Spiel findet

- ⊗ acht Wochen
- ◯ acht Tage
- ◯ vier Wochen

später statt.

c) Seite 37: Lisa ist im Fernsehen zu sehen, wie sie

- ⊗ von einem der Spieler an der Hand ins Stadion geführt wird.
- ◯ einem Reporter ein Interview gibt.
- ◯ auf der Tribüne zuschaut.

d) Seite 39: Was ist in dem Päckchen, das Lisa von ihrem Vater bekommt?

- ◯ Ein Trikot von Lisas Lieblingsspieler.
- ⊗ Eine DVD vom Endspiel.
- ◯ Ein Trikot für das nächste DFB-Spiel.

2. Die Silben der richtigen Antworten ergeben das Lösungswort.
Diese Spieler verhindern, dass der Gegner ein Tor schießt:

Abwehrspieler

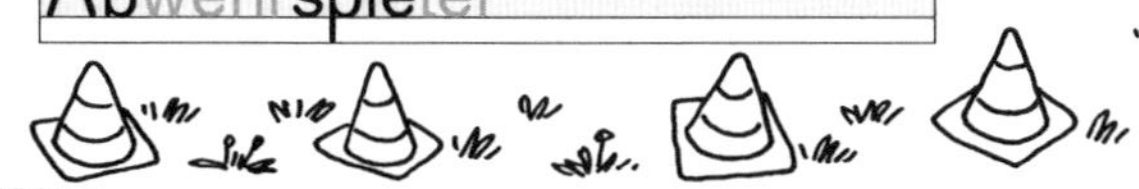

Lösungen

Kleiner Fuchs auf großer Jagd – 1

1. Hier geht es um Indianer. Ordne die Wörter den Oberbegriffen zu.

Indianer-Namen	Tiere	Natur
Kleiner	Büffel	Felsen
Fuchs		
Adlerauge	Hirsch	Fluss
Schneller	Bär	Erde
Pfeil		

2. Das ist der Indianerjunge Schwarzer Falke.

a) Suche aus den folgenden Adjektiven die heraus, die zu Schwarzer Falke passen. Kreise sie ein.

b) Male seine Kleider an und beschreibe sie dann.

„Schwarzer Falke" trägt ein individuelle Lösung Gewand

aus Bisonleder, einen individuelle Lösung Bogen und als

Kopfschmuck eine individuelle Lösung Feder.

Kleiner Fuchs auf großer Jagd – 2 a

1. Kreuze die jeweils richtige Antwort an und kreise die dazugehörige Lösungssilbe ein.

Seite 6: Kleiner Fuchs darf nicht mit auf die Jagd, weil er

- ◯ was angestellt hat.
- ☒ noch zu klein ist.
- ◯ den Fluss beobachten muss.

Seite 23: Kleiner Fuchs will keine Ratschläge von Kleiner Bär, weil dieser

- ◯ zwei Jahre jünger ist.
- ◯ unfreundlich zu ihm ist.
- ☒ ein Jahr jünger ist.

Seite 30: Kleiner Fuchs erreicht das andere Ufer des Flusses nicht, weil

- ◯ das Wasser zu kalt ist.
- ◯ er sich nicht weiter traut.
- ☒ die Strömung ihm die Beine wegreißt.

Seite 38: Am Ende darf Kleiner Fuchs mit auf

- ◯ die Büffeljagd.
- ☒ die Hirschjagd.
- ◯ die Bärenjagd.

2. Die Silben der richtigen Antworten ergeben das Lösungswort.
Kleiner Fuchs denkt, das sei Frauensache:

Kräutersammeln

Kleiner Fuchs auf großer Jagd – 2 b

1. An diesen Textstellen erkennt man, dass die Großmutter von Kleiner Fuchs die Natur sehr liebt und achtet. Ergänze.

Seite 15: „Wer einfach Blumen abreißt und wegwirft, tut

der Erde weh. Dann wird sie traurig

und lässt keine Blumen mehr blühen.

Seite 16: Wenn Großmutter Blätter und

Beeren sammelt, nimmt sie nur so viel, dass die

Pflanzen weiterleben können.

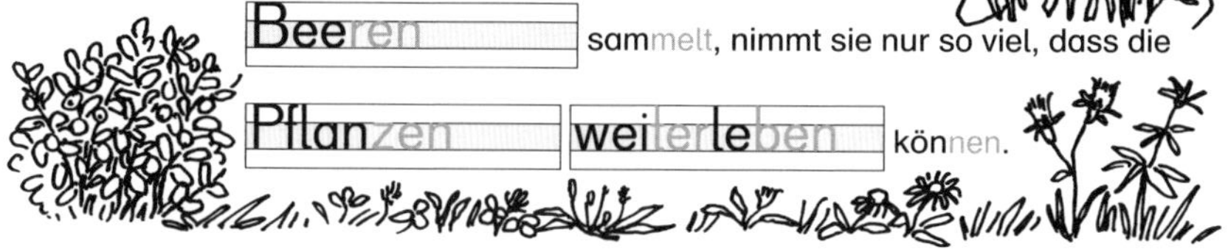

2. Ein Wort in jedem Satz ist falsch. Streiche es durch und schreibe den Satz richtig auf die Linien.

a) Großmutter gräbt mit einem Stock ~~Erdnüsse~~ aus.

Großmutter gräbt mit einem Stock

Erdbohnen aus.

b) Der Bär hat in einem hohlen Baumstamm ~~Erdbeermarmelade~~ entdeckt.

Der Bär hat in einem hohlen Baumstamm

Bienenhonig entdeckt.

c) Ohne Regen führt der Fluss ~~mehr~~ Wasser.

Ohne Regen führt der Fluss weniger Wasser.

Kleiner Fuchs auf großer Jagd – 2 c

1. Hier ist etwas durcheinandergeraten.
Nummeriere die Sätze in der richtigen Reihenfolge.

(9) Aber anstatt zu schimpfen, lobt Häuptling Adlerauge seinen Sohn für sein kluges und mutiges Handeln.

(2) Stattdessen geht er widerwillig mit seiner Großmutter Beeren und Kräuter sammeln.

(4) Als er seinen Vater erneut bittet, mit auf die Jagd zu dürfen, stellt dieser ihm eine Aufgabe:

(6) Von da an beobachtet Kleiner Fuchs den Fluss wochenlang, um den geeigneten Zeitpunkt und die beste Stelle für die Überquerung zu finden.

(1) Kleiner Fuchs darf nicht mit den anderen auf die Jagd.

(7) Dann ist es soweit. Kleiner Fuchs wagt es. Doch er erreicht das andere Ufer nicht. Die Strömung ist zu stark.

(3) Dabei lernt Kleiner Fuchs von ihr eine Menge über die Natur, und er begegnet einem Bären.

(8) Glücklicherweise ist ihm sein Vater gefolgt und rettet ihn vor dem Ertrinken.

(10) Kleiner Fuchs darf seinen Vater und seinen Bruder schließlich auf die Hirschjagd begleiten.

(5) Kleiner Fuchs soll aus eigener Kraft den Fluss überqueren.

2. Wenn du die Aufgabe richtig gelöst hast, ergeben die Silben hinter den Sätzen einen Lösungssatz. Schreibe ihn auf.

Adlerauge ist ein guter Vater.

Ein Bruder für Anna – 1

1. Bei Annas Brüderchen Fabian ist alles noch sehr winzig.
   Die Nomen stehen alle in der Verkleinerungsform.
   Schreibe die „große" Form mit bestimmtem Artikel dazu.

Fingerchen →	der Finger
Füßchen →	der Fuß
Händchen →	die Hand
Öhrchen →	das Ohr
Däumchen →	der Daumen

2. Die Wörter sind durcheinandergeraten. Schreibe den Satz richtig.

Anna legt die Hand auf Mamas Bauch.

3. Finde Wörter.
   Streiche die Silben ab und schreibe die Wörter in die passende Spalte.

Nomen	Verben	Adjektive
Schlips	weinen	glücklich
Windel	streicheln	leise
Purzelbaum	wickeln	erstaunt

Ein Bruder für Anna – 2 a

1. Die Geschichte ist etwas durcheinandergeraten.
   Nummeriere die Sätze in der richtigen Reihenfolge.

(2) Eines Morgens nach dem Aufstehen fährt Papa Mama ins Krankenhaus.

(10) Anna kann deshalb kaum schlafen.

(6) Das Baby ist inzwischen auf der Welt. Es ist ein Junge.

(3) In der Zwischenzeit geht Anna zu ihrer Nachbarin Melanie.

(9) Einen Tag später kommt Fabian nach Hause. Er schreit ziemlich viel.

(5) Um acht Uhr abends kommt Papa wieder.

(7) Am nächsten Tag darf Anna Mama im Krankenhaus besuchen und bringt ihr ein Bild mit.

(11) Zuerst denkt sie, dass das mit dem Baby keine so gute Idee war.

(1) Annas Mama hat einen ziemlich dicken Bauch. Sie bekommt ein Baby.

(4) Die beiden spielen, dass Anna ein Baby bekommt.

(12) Dann aber findet sie ihren Bruder doch süß.

(8) Anna findet, dass Fabian rot und verschrumpelt aussieht.

2. Schreibe die Geschichte in dein Heft.

Ein Bruder für Anna – 2 b

1. Kreuze an.
Kreise die Lösungssilben ein.

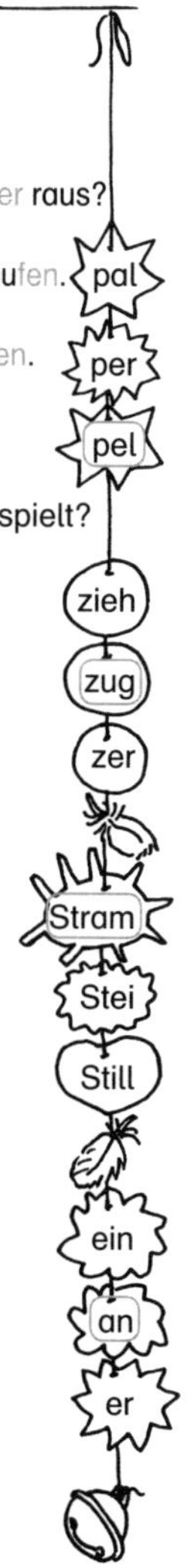

Seite 5: Warum bleiben Babys so lange im Bauch und kommen nicht früher raus?

- ◯ Damit die Eltern genug Zeit haben, Strampelanzüge und Windeln zu kaufen.
- ◯ Damit die Eltern genug Zeit haben, alles über die Elternschaft zu lernen.
- ☒ Weil sie sonst nicht kräftig genug zum Leben sind.

S. 18 u. 19: Was stopft sich Anna unter ihren Pulli, als sie mit Melanie spielt?

- ◯ Ein Kissen
- ☒ Eine Puppe und ein Kissen
- ◯ Zwei Puppen

Seite 29: Wo liegt Fabian, als Anna ins Krankenhaus kommt?

- ☒ Auf dem Kopfkissen neben Mama.
- ◯ In einer Wiege neben dem Fenster.
- ◯ Bei Papa auf dem Arm.

Seite 42: Was macht Fabian, als er auf dem Wickeltisch liegt?

- ◯ Er schreit.
- ☒ Er pinkelt.
- ◯ Er greift nach Annas Finger.

2. Die Silben der richtigen Antworten in der richtigen Reihenfolge ergeben das Lösungswort. In einem Karton findet Anna ihren ersten

Strampelanzug.

Ein Bruder für Anna – 2 c

1. Löse das Rätsel.

① Seite 10: Ein anderes Wort für Krawatte.

② Seite 12: Wie nennt man Geschwister, die zur gleichen Zeit geboren werden?

③ Seite 13: So nennt man die Schmerzen, wenn das Baby kommt.

④ Seite 18: Eine Frau, die hilft, Babys auf die Welt zu bringen, nennt man …

⑤ Seite 20: Wenn ein Baby auf die Welt kommt, nennt man das …

⑥ Seite 30: Viele Babys haben noch keine Haare auf dem Kopf. Sie haben eine …

⑦ Seite 35: Babys liegen in einer …

⑧ Seite 40: Ein Baby muss eine … tragen, weil es noch nicht auf Toilette gehen kann.

2. Trage das Lösungswort ein.

Anna ist Fabians Schwester.

Mama hat heut' frei – 1

1. Von jeweils vier Wörtern passt ein Wort nicht. Kreise ein.
Die Anfangsbuchstaben der markierten Wörter ergeben das Lösungswort.

Nutella Honig (Schnitzel) Marmelade

(aber) unter vor hinter

spülen kochen putzen (fernsehen)

Löffel (Tasse) Messer Gabel

Das trinken Kinder sehr gern: Saft

2. Alles dreht sich um den Kindernachmittag.
Ordne die Wörter den vier Oberbegriffen zu.

Vorbereitung	Essen	Getränke	Spiele
einkaufen	Pommes	Saft	Verstecken
Tisch	Würstchen	Cola	Verkleiden
decken	Kuchen	Kakao	Blindekuh
Girlanden		Limonade	
aufhängen			

Mama hat heut' frei – 2 a

1. Lies noch mal Seite 4 bis 18.
Kreuze an. Kreise die Lösungssilben ein.

Welche Dinge fehlen beim Frühstück?

- ○ Müsli — Zi
- ☒ Honig und Nutella — (Or)
- ○ Kakao und Honig — Kin

Warum hat Mama kein Nutella gekauft?

- ○ Weil Nutella ungesund ist. — tro
- ○ Weil Papa es aufgegessen hat. — der
- ☒ Weil sie noch keine Zeit hatte. — (ga)

Wann will Papa einkaufen gehen?

○ um acht Uhr — nach ○ um halb drei — nen ☒ um zehn Uhr — (ni)

Wie viele Kinder kommen zu Anna zum Kindernachmittag?

☒ fünf — (sa) ○ sechs — mit ○ vier — cre

Wo soll Papa Anna abholen?

- ☒ vom Hallenbad — (tion)
- ○ von der Schule — tag
- ○ vom Kindernachmittag — me

2. Die Silben hinter den richtigen Antworten ergeben das Lösungswort.
Papa findet, alles sei nur eine Frage der

Organisation.

Mama hat heut' frei – 2 b

1. In jedem Satz ist etwas falsch. Streiche es durch und schreibe den Satz richtig auf die Linie.

Seite 19 und 20: Papa versucht vergeblich, ~~die Geschirrspül~~maschine zu reparieren.

Papa versucht vergeblich, das Rührgerät
zu reparieren.

Seite 22: Papa kann im Supermarkt ~~die Nutella~~ nicht finden.

Papa kann im Supermarkt die Zitronencreme
nicht finden.

Seite 26: Papa kauft zwanzig ~~Brezeln~~ für den Kindernachmittag.

Papa kauft zwanzig Berliner für den
Kindernachmittag.

2. Ergänze.

Seite 27: Warum ist Anna wütend auf Papa?

Weil er zu spät zum Hallenbad kommt.

Seite 29: Was gibt's schließlich zum Mittagessen?

Es gibt Currywurst mit Pommes.

Seite 32: Dass die Pommes nur noch lauwarm und schon ziemlich weich sind, macht Anna nichts

aus, weil es dazu Ketchup gibt.

Mama hat heut' frei – 2 c

1. Finde die Wörter und trage sie ein.

Seite 33: Während Papa den Kindernachmittag vorbereitet, liegt Mama auf dem S o f a.
(1)

Über den Tisch hat Papa eine G i r l a n d e gehängt.
(5)

Seite 34: Vom D a c h b o d e n holt Papa alte Kleider für ein Verkleidungsspiel.
(2, 3)

Seite 37 und 38: B e n n i isst insgesamt vier Berliner.
(13)

Danach wischt er seine Finger am T i s c h t u c h ab.
(4)

Seite 41: Die Kinder spielen als erstes B l i n d e k u h.
(11, 7)

Seite 44: Da niemand anfangen will, spielt P a p a die Kuh.
(6)

Seite 47/48: Leider wischt er dabei ein G l a s vom Tisch
(9)

und schlägt sich den K o p f an der Tischkante an.
(8)

Seite 55/56: Zum Abendessen gehen die Schlagenhaufs zum I t a l i e n e r.
(10, 12)

2. Das macht Anna, während Papa den Kindernachmittag vorbereitet:

S c h u l a u f g a b e n
(1 2 3 4 5 6 7 8 9 10 11 12 13)